石原洋子の作りやすい和食

だしを使わなくてもおいしい
毎日食べたくなる味

石原洋子

もっと手軽に和食を作りましょう!

「和食」「和のおかず」と聞いて、何をイメージしますか?

「和食」=「だし」。和食を作るには、「だしをとらなきゃ!」と思っているのではないでしょうか。

そして、「だしが必要な和食」は、作るのが「大変」「面倒くさい!」と、敬遠してしまっているのでは?

そこで、提案します。もう「だし」をとるのをやめましょう!

だしをとらなくても、おいしい和食は作れます。

もちろん、市販のだしの素を使いましょうという話ではありません。

素材の味を引き出す工夫をすれば、和食はだしがなくてもおいしく作れます。

ここまでお話しすると、「面倒くさいから、だしをとらない」と誤解をされそうですが、そうではありません。

もちろん、だしをとるにはひと手間かかり、この作業がなければ和食のハードルがぐんと下がるのは事実ですが、「だし」なしで作ると素材本来の味が生きて、おいしくなると私は思っています。

むしろ、だしを使わない和食のほうがおいしい!

だしが必須と思われている汁ものや茶碗蒸しだって、だしなしで作れるんですよ。

自分たちの国の料理を、もっと身近に感じてほしい。これからも作り続けてほしい。

そんな気持ちでこの本を作りました。

この本が和食のおいしさに改めて気づくきっかけになり、毎日の食卓を彩ることを願っています。

石原洋子

目次

第四章 野菜の小さな和のおかず

第五章 和のご飯もの、汁もの

この本の使い方

＊小さじ1＝5㎖、大さじ1＝15㎖、カップ1＝200㎖です。

＊火加減は特に表示のない場合は「中火」です。

＊野菜の「洗う」「皮をむく」「ヘタを取る」などは省略しています。

＊レシピ上の「しょうゆ」は濃口しょうゆ、「塩」は自然塩、「小麦粉」は薄力粉です。

＊電子レンジの加熱時間は６００Ｗの目安です。５００Ｗの場合は、加熱時間を1.2倍に、７００Ｗの場合は0.8倍を目安にしてください。

＊電子レンジ、魚焼きグリルは機種によって加熱時間が異なります。取り扱い説明書の指示に従い、様子を見ながら調整してください。

＊レシピ上の「フライパン」は直径26㎝のもの、「小さめのフライパン」は直径22㎝のものを使用しています。

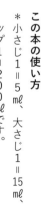

作りやすい和食とは?

この本で紹介する和食は、
決して難しくありません。

「作りやすく」

「毎日食べたい、作りたい」

ものばかり。

その理由をご紹介します。

1 だしを使わない

和食の一番のハードルである「だし」をこの本ではいっさい使いません。煮ものや汁もののときには、肉や魚を炒めてうまみを引き出したり、糸昆布や削り節、じゃこなどのうまみの出る素材を入れるなどして、だしを使わずともおいしくなる工夫をしています。だしをとるときの昆布や削り節のように素材をだしをとるためだけに使うのではなく、具として食べきるので、食品のロスもありません。

2 基本調味料だけで作れる

この本で紹介する料理は、砂糖、塩、酢、しょうゆ、みそ、酒、みりん、こしょうの基本調味料があれば作れます。ときどきは、カレー粉やポン酢しょうゆなども使いますが、どれもほとんどのご家庭にあるものばかりですよね？　また、薄口しょうゆも使用していません。塩小さじ½（塩分量2.5g）と濃口しょうゆ大さじ1（塩分量2.6g）の塩分量はほぼ一緒なので、濃口しょうゆの量を減らし、減らした分を塩で補い、素材の色を生かした料理を作っています。

3 肉や魚に野菜を合わせたら、1品でも満足

肉料理、魚料理にも、なるべく野菜を組み合わせています。一度に何品も作るのは大変！　ならば、なるべく1品で栄養バランスのとれたおかずにしようと考えたのです。魚の煮つけも、同じ煮汁で野菜や豆腐を煮て、つけ合わせにしています。とはいえ、ほとんどの料理の主材料は2～3種類。少ない材料でも、味のバランス、食感のコントラストを考えて組み合わせれば、料理はおいしくなります。

4 とにかくご飯がすすむ！

お子さんが小さい家庭でも和風のおかずを作ってほしいので、この本ではご飯がすすむ味を中心にご紹介しています。しょうゆと酒、みりん、砂糖が入った和風の甘辛味、こってりしたみそ味、しょうがを利かせた味（代表格は豚肉のしょうが焼き）を中心に、タンドリーチキン風やマヨネーズを加えた白あえなどの今どきの味もたくさん！　毎日の夕飯作りに大活躍するおかずが勢揃いです。

5 フライパンをフル活用

この本では、フライパンで作ることを基本にしています。ときには鍋も使いますが、煮ものも、魚の煮つけも、茶碗蒸しもフライパンで作ります。それ以外に、セットしたらほったらかしにできる電子レンジや魚焼きグリルも登場。どのご家庭にもある道具で作れるものばかりを紹介しました。もし、今からフライパンを買い求めるなら、直径26cmと直径22cmの2つを揃えるのがおすすめです。

第一章

肉が主役の和のおかず

煮ものは、炒めて肉と野菜のうまみを引き出す

煮ものは、具材を炒めてうまみを引き出してから煮ます。骨つき肉やかたまり肉は、じっくり煮て、うまみを引き出すのが、だしを使わずおいしく作るコツ。

揚げものには生野菜を合わせる

揚げものを作るときには、生野菜を添えるのがおすすめ。脂っぽいものには、口の中をさっぱりさせる生野菜が好相性です。

焼きもの、炒めものは野菜も一緒に調理

例えば、豚肉のしょうが焼き。豚肉だけを焼くことも多いですが、玉ねぎなどの野菜を一緒に炒め合わせると、主菜だけで野菜も補えます。

鶏もも肉とれんこんのこってり煮

作り方 〉p.10

鶏もも肉とれんこんのこってり煮

筑前煮をイメージし、材料2つで手軽に作ります。
材料をよく炒めてから煮たら、だしなしでも十分おいしい。

材料…2人分

鶏もも肉…1枚(300g)
れんこん…1節(300g)
サラダ油…大さじ½
煮汁
- 水…カップ½
- 酒、みりん、しょうゆ…各大さじ1½
- 砂糖…大さじ½

作り方

1 〉切る
れんこんはひと口大の乱切りにし、水でざっと洗ってざるにあげる。鶏肉は余分な脂を取り除き、3㎝大に切る。

2 〉炒める
フライパンにサラダ油を熱し、れんこんを入れて中火で炒める。全体に油がまわったら鶏肉を皮目を下にして焼きつけ、返してさっと焼く。

3 〉煮る
肉の色が変わったら煮汁の水を加え、煮立ったらアクをざっと取り、調味料を順に加える。落としぶたをし、ときどき混ぜながら弱めの中火で15分ほど、煮汁が少なくなるまで煮る。

れんこんを軽く炒めたところに鶏肉を加えて焼きつけ、うまみを閉じ込める。

→

ひたひた(材料が少し顔を出すくらい)の水を加え、煮始める。

→

落としぶたをして、少ない煮汁を全体に回す。落としぶたはアルミホイル(中央に穴を開ける)などでもOK。

肉じゃが

おふくろの味といえば、これでしょうか。
肉の味が染み込んだ、ホクホクじゃがいもが美味。

材料…2人分

牛こま切れ肉…150g
じゃがいも
…2個(300g)
にんじん…1本(150g)
玉ねぎ…1個(200g)
サラダ油…大さじ1
煮汁
　水…カップ1
　酒、みりん、しょうゆ
　…各大さじ2
　砂糖…大さじ1

作り方

1〉切る

じゃがいもはひと口大に切る。にんじんはひと口大の乱切りにする。玉ねぎは2～3cm幅のくし形に切り、ざっくりほぐす。牛肉は大きいものは食べやすく切る。

2〉炒める

フライパンにサラダ油を熱し、じゃがいも、にんじんを入れて中火で2～3分炒める。じゃがいもの角に透明感が出てきたら玉ねぎを加え、1分ほど炒める。全体に油がまわったら牛肉を加え、ほぐしながら炒める。

3〉煮る

肉の色が変わったら煮汁の水を加え、煮立ったらアクをざっと取り、調味料を順に加える。落としぶたをして弱めの中火で15～20分、じゃがいもがやわらかくなり、煮汁が$\frac{1}{3}$量になるまで煮る。

じゃがいもは角が透明になるまで炒めると、味が染みやすくなる。

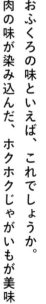

豚肩ロースの簡単角煮

いつもはバラ肉を使うところ、肩ロース肉にし、ゆでこぼし&脂を取り除く手間を省きます。

材料…作りやすい分量

豚肩ロース肉(ブロック)
…2本(600g)
しょうが(薄切り)
…4～5枚
煮汁
- 水…カップ2½
- 酒…カップ½
- しょうゆ、みりん…各大さじ2½
- 砂糖…大さじ1½

ゆで卵(熱湯から8分ゆで)
…2個

作り方

1 〉豚肉を下煮する

豚肉は4～5cm大に切る。鍋に豚肉と煮汁の水を入れて中火にかけ、煮立ったらアクと脂を取り、しょうが、酒を加え、ふたをして弱火で1時間30分、竹串がスーッと通るくらいまで煮る。

2 〉調味料を加えて煮る

1にしょうゆ、みりん、砂糖を加え、落としぶたをして弱火で20分ほど煮る。ゆで卵を加え、返しながらさらに5～10分煮て、火からおろして味を含ませる(ゆで卵の黄身がやわらかめが好みの場合は5分くらいで取り出す)。

3 〉仕上げる

器に豚肉を盛り、ゆで卵を半分に切って添え、煮汁をかける。

最初から調味料を加えると肉がかたくなるので、まず、水と臭み抜きのしょうが、酒だけで煮る。

→

豚肉がやわらかくなってから、しょうゆ、みりん、砂糖を加えて味をつける。

手羽元とかぶの薄味煮

味が出る骨つき肉を使ったら、うまみたっぷり。しみじみとしたおいしさが口の中に広がります。

材料…2人分

鶏手羽元…6本(300g)
かぶ…3～4個(400g)
煮汁
- 水…カップ2½
- 酒、みりん
  …各大さじ1½
- しょうゆ…大さじ½
- 塩…小さじ½

作り方

1 〉下ごしらえをする

かぶはきれいに洗い、茎2～3cmを残して切り落とし、皮つきのまま縦4等分に切る。葉先は3～4cm長さに切る。手羽元はさっと洗い、水けをふく。

2 〉手羽元を煮る

フライパンに煮汁の水を入れて中火にかけ、煮立ったら手羽元を入れる。再び煮立ったらアクを取り、調味料を加え、ふたをして弱火で30分ほど煮る。

3 〉かぶを加えて煮る

手羽元がやわらかくなったらかぶを加え、落としぶたをして弱めの中火で7～8分煮る。かぶに竹串がスーッと通ったらかぶの葉先を加え、落としぶたをして2～3分煮る。

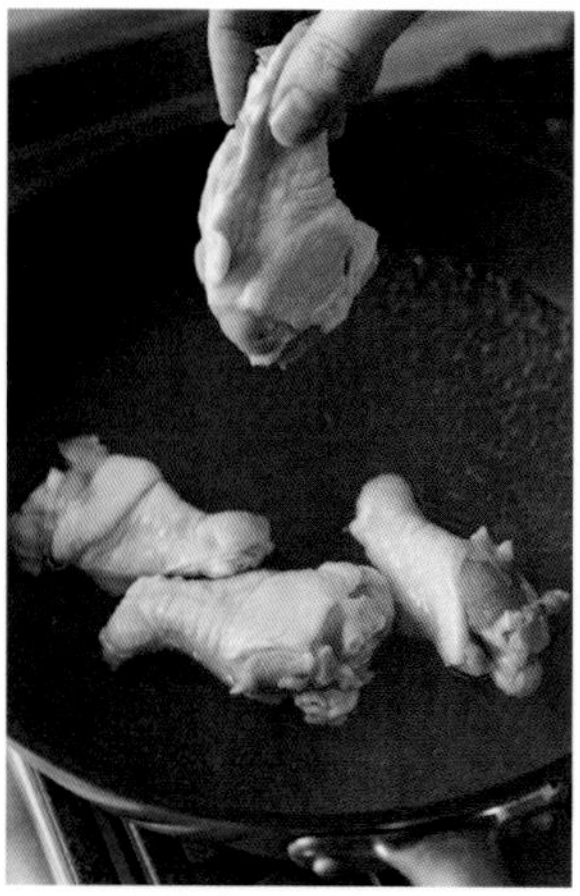

手羽元は煮立てたところに入れると、アクが出にくい。

→

かぶは火の通りが早いので、手羽元がやわらかくなったところに加える。

豚こまとキャベツのさっと煮

主役は、甘みが十分染み出たキャベツ。
肉のうまみも合わさり、いくらでも食べられます。

肉
煮もの

材料…2人分

豚こま切れ肉…150g
キャベツ…1/4個(300g)
煮汁
　水…カップ1/3
　酒、みりん、しょうゆ
　　…各大さじ1 1/2

作り方

1 〉切る
キャベツは5～6cm大に切り、芯はそぎ取って縦半分に切る。

2 〉煮る
フライパンに煮汁の材料を入れて中火にかけ、煮立ったら豚肉を入れる。再び煮立ったらアクをざっと取り、キャベツを加え、落としぶたをして弱めの中火で10分、ときどき上下を返して煮る。

牛肉とごぼうのみそ味炒り煮

牛肉とごぼうは相性のいい組み合わせ。
コクありみそ味に仕上げたら、いっそうご飯がすすみます。

材料…2人分

牛切り落とし肉…150g
ごぼう…小1本(150g)
サラダ油…大さじ½
煮汁
- 水…カップ½
- 酒、みりん、みそ…各大さじ1½
- 砂糖…大さじ½
- しょうゆ…小さじ1

作り方

1 〉下ごしらえをする
ごぼうはタワシで皮をきれいに洗い、縦四つ割りになるくらいたたいて割り、4～5cm長さに切る。水に5分ほどさらしてざるにあげ、水けをきる。

2 〉炒める
小さめのフライパンにサラダ油を熱し、ごぼうを入れて中火で2～3分炒める。

3 〉煮る
ごぼうに油がまわったら牛肉を加えて炒め、肉の色が変わったら煮汁の水を加える。煮立ったらアクをざっと取り、調味料を加えて落としぶたをして弱めの中火で10分ほど煮る。ごぼうがやわらかくなったら落としぶたを取り、煮汁が少なくなるまで煮る。

和風ロールキャベツ

キャベツの甘みと肉のうまみが溶け込む、人気料理。やさしいしょうゆ味がスーッと体に染み渡ります。

材料…2人分

キャベツ
…8～12枚（600g・約1/2個）

肉だね
- 豚ひき肉…120g
- 玉ねぎ…1/5個（40g）
- パン粉…カップ1/4
- 水…大さじ2
- 塩…少々

煮汁
- 水…カップ3
- 酒…大さじ2
- しょうゆ…大さじ1
- 塩…小さじ2/3

作り方

1 〉肉だねを作る

玉ねぎはみじん切りにする。ボウルに肉だねの材料を入れ、全体をよく練り混ぜて4等分にする。

2 〉キャベツをゆでる

キャベツ1個は芯の周囲に切り込みを入れる。鍋にたっぷりの熱湯を沸かし、芯の部分を上にして入れ、しんなりしたらトングなどで丁寧に1枚ずつはがして8～12枚用意し、ざるにあげて水けをきる。粗熱がとれたら、太い芯の部分をそぎ取る。残りのキャベツは浅漬けなどに使う（下の囲み参照）。

3 〉包む

キャベツは大きい葉を下にし、芯のついていた部分をずらして2～3枚重ね、**1**の肉だね、キャベツの芯をのせ、俵形に包み、巻き終わりをようじで留める。

4 〉煮る

鍋（直径20cm）に**3**を巻き終わりを下にして並べ、煮汁の水を入れて中火にかける。煮立ったらアクをざっと取り、調味料を加えて落としぶたと鍋ぶたをして弱火で50～60分、キャベツがやわらかくなるまで煮る。

キャベツは丸ごとゆで、やわらかくなった葉を破らないように丁寧に1枚ずつはがす。

→

葉は大、小の順に重ね芯がついていた部分が重ならないようにのせ、手前に肉だねとキャベツの芯をのせる。

→

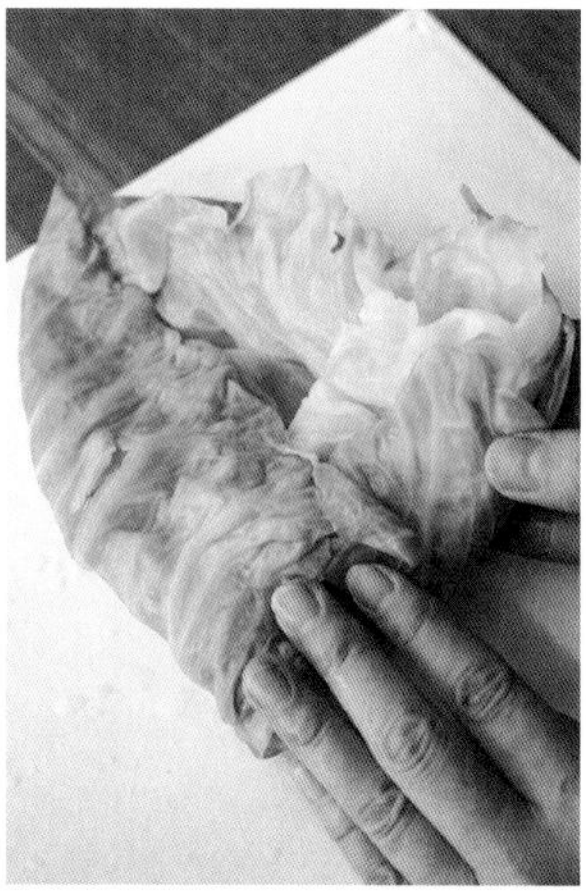

手前を内側に折り、左右を内側に折りたたみ、くるくると巻き、ようじで留める。

キャベツの浅漬け

残ったキャベツはざく切りにし、ポリ袋に入れ、塩少々（キャベツの重量の1%弱）を全体にふる。しょうが（せん切り）1かけ、赤唐辛子（種を取る）1本を加えてもみ、袋の口を縛って冷蔵庫に1日おく。

和風おろしハンバーグ

みんなが好きな、ふっくらハンバーグ。
ポン酢&おろし味でさっぱりといただけます。

材料…2人分

ハンバーグだね

- 合いびき肉…200g
- 玉ねぎ…1/3個(70g)
- パン粉、牛乳…各カップ1/2
- 塩…小さじ1/3
- こしょう…少々

サラダ油…大さじ1/2

つけ合わせ

- しめじ…小1パック(100g)
- サラダ油…大さじ1/2
- 塩、こしょう…各少々

大根おろし…100g(大根200g分)

ポン酢しょうゆ…適量

青じそ…4枚

作り方

1 〉ハンバーグだねを作る

玉ねぎはみじん切りにする。ボウルにハンバーグだねの材料を入れ、全体をよく混ぜ合わせる(練らずに、全体が混ざればよい)。2等分にして小判形に丸め、空気を抜きながらハンバーグ形にする(中央はくぼませない)。

2 〉つけ合わせを作る

しめじは石づきを落とし、小房に分ける。フライパンにサラダ油を熱し、しめじを入れて中火で炒め、しんなりしたら塩、こしょうで調味し、取り出す。

3 〉焼く

2のフライパンをきれいにしてサラダ油を熱し、**1**を入れ、ふたをして弱めの中火で3分ほど焼く。きれいな焼き色がついたら返し、再びふたをして弱火で5〜6分焼く。途中、焦がしすぎないように火加減を調節しながら焼く。中央が膨らんできて、竹串を刺してみて透明な汁が出たら焼き上がり。

4 〉仕上げる

器に**3**を盛り、大根おろしをのせてポン酢しょうゆをかけ、青じそのせん切りを飾り、**2**のしめじを添える。

ハンバーグだねは練り混ぜず、全体が混ざる程度でOK。そのほうが肉感が残るハンバーグになる。

→

中央をくぼませないのが石原流。真っ平らの面を上にして焼くと、火が通ったのがわかりやすい。

→

ふっくらしてきたら、中まで火が通った証拠。念のため、竹串を刺して汁の色が透明か確認する。

豚肉のしょうが焼き

薄切り肉を使い、玉ねぎを炒め合わせて食べやすく。
肉に粉をまぶすと、甘辛だれがよくからみます。

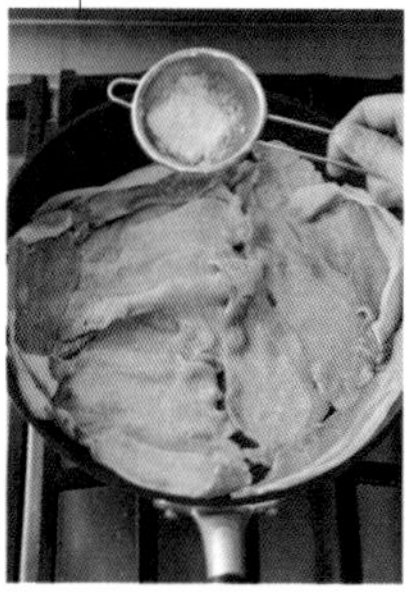

豚肉に粉をふると、とろみになり、たれもよくからまる。フライパンに並べてからふると、バットいらず。

材料…2人分

豚ロース薄切り肉
…10枚(200g)
玉ねぎ…½個(100g)
キャベツ…1〜2枚(100g)
合わせ調味料
酒、しょうゆ
…各大さじ1½
砂糖、おろししょうが
…各小さじ1
水…大さじ1
サラダ油…大さじ1½
小麦粉…少々

作り方

1 〉下ごしらえをする
玉ねぎは横1cm幅に切り、キャベツはせん切りにする。合わせ調味料は混ぜ合わせる。

2 〉豚肉を焼く
フライパンにサラダ油大さじ1を熱し、豚肉を広げて並べ入れ、小麦粉をふって中火で焼く。肉にきれいな焼き色がついたら返し、もう片面も色よく焼き、取り出す。一度に並べられない場合は、焼けた肉を端に寄せながら焼く。

3 〉玉ねぎを炒める
2のフライパンにサラダ油大さじ½を熱し、玉ねぎを入れ、中火で炒める。

4 〉たれをからめる
肉を戻し入れ、合わせ調味料を回しかけ、とろりとするまでたれを煮からめる。器に盛り、キャベツを添える。

鶏肉の照り焼き

照りよく焼けた鶏肉が食欲をぐぐっと刺激。
ほのかな苦みのピーマンも鶏肉の味を引き立てます。

フライ返しなどでギュウギュウ押しながら皮目全体を焼き、余分な脂を出してカリッと焼く。

材料…2人分

鶏もも肉
　…小2枚(200g×2枚)
ピーマン…3個(120g)
たれ
　酒、みりん、しょうゆ
　　…各大さじ2
　砂糖…大さじ1
サラダ油…小さじ1

作り方

1 〉下ごしらえをする
ピーマンは縦半分に切って種とヘタを取り、さらに縦半分に切る。鶏肉は余分な脂を取り除く。たれの材料は混ぜ合わせる。

2 〉焼く
フライパンにサラダ油を熱し、鶏肉を皮目を下にして入れ、フライ返しなどで押さえながら弱めの中火で7〜8分焼く。こんがりと焼き色がついたら返し、出てきた脂をペーパータオルでふき取り、ピーマンを加えて1分ほど炒める。

3 〉たれをからめる
たれをもう一度混ぜて加え、中火で煮る。途中、ピーマンがしんなりしたら器に盛る。鶏肉は返しながらたれをからめ、たれが少なくなったら皮目を下にして煮からめ、照りを出す。鶏肉を食べやすく切り、ピーマンをのせた器に盛る。

豚こまの立田焼き

片栗粉をたっぷりまぶして焼く、立田焼き。
平らにまとめると火の通りがよく、表面がカリッ！

材料…2人分

豚こま切れ肉…200g
下味
- おろししょうが…小さじ1
- しょうゆ…大さじ1
- 酒…大さじ½

片栗粉…適量
サラダ油…大さじ1½
レタス…1～2枚(80g)

作り方

1 〉下ごしらえをする
豚肉は大きいものは食べやすく切り、下味の調味料をもみ込む。レタスはひと口大にちぎり、器に盛る。

2 〉片栗粉をまぶす
バットなどに片栗粉を広げて入れ、**1**の豚肉を10等分にして平らに丸めてのせ、全体に片栗粉をしっかりまぶす。

3 〉焼く
フライパンにサラダ油を熱し、**2**を並べて中火で3～4分焼く。カリッとして焼き色がついたら返し、もう片面もカリッとして中に火が通るまで3～4分焼く。**1**の器に盛る。

豚肉を10等分にして平たくまとめ、片栗粉をしっかりまぶす。

れんこんのみそひき肉はさみ焼き

火を通したれんこんは、もっちりシャキッ！
しっかりみそ味にしたら、何もつけなくても十分おいしい。

材料…2人分・8個分

れんこん（直径5cmくらいのもの）
…200g
肉だね
- 豚ひき肉…150g
- れんこん…小1節（80g）
- おろししょうが
…小さじ½
- みそ…大さじ1½
- 酒…大さじ½

小麦粉…適量
サラダ油…大さじ1
塩…適量

作り方

1 〉下ごしらえをする
れんこんは3mm厚さに切り、16枚用意する。肉だね用のれんこんはすりおろす。ボウルに肉だねの材料を入れてよく練り混ぜ、8等分にする。

2 〉はさむ
れんこんを2枚1組にし、片面に小麦粉を茶こしなどで薄くふり、肉だねをのせてはさみ、しっかり押さえて穴まで肉だねを詰める。

3 〉焼く
フライパンにサラダ油を熱し、**2**を並べ、塩少々をふりフライ返しで押さえながら弱めの中火で4～5分焼く。きれいな焼き色がついたら返し、もう片面にも塩少々をふり、4～5分焼いて中まで火を通す。好みでからしじょうゆを添えても。

れんこんに小麦粉をふって糊にし、2枚で肉だねをはさむ。ギュッと押して穴に肉だねを詰める。

豚こまとわかめの甘辛しょうゆ炒め

わかめがたくさん食べられる、ヘルシーレシピ。
少し甘めの味つけが食べやすく、ご飯がすすみます。

材料…2人分

豚こま切れ肉…150g
わかめ（塩蔵）
…30g（もどして90g）
小ねぎ…1束（100g）
合わせ調味料
酒、しょうゆ、砂糖
…各大さじ1½
サラダ油…大さじ1

わかめ、小ねぎは火が通りやすいので、豚肉にほぼ火が通ってから加え、ざっと炒めるくらいでOK。

作り方

1〉下ごしらえをする
わかめは塩を洗い流し、水けを絞って食べやすい大きさに切る。小ねぎは5cm長さに切る。合わせ調味料は混ぜ合わせる。

2〉炒める
フライパンにサラダ油を熱し、豚肉を入れてほぐしながら中火で炒める。肉の色が変わったら強めの中火にし、わかめ、小ねぎを順に加え、ざっと炒め合わせる。

3〉調味する
合わせ調味料を回し入れ、汁けをとばすように炒め合わせる。

豚こまと玉ねぎ、アスパラガスのポン酢炒め

味つけはポン酢しょうゆにおまかせ。味が決まりやすく、失敗なしのお手軽炒め。

材料…2人分

豚こま切れ肉…100g
玉ねぎ…½個(100g)
グリーンアスパラガス
…4本(100g)
しょうが(せん切り)…1かけ
サラダ油…大さじ1
ポン酢しょうゆ…大さじ2
七味唐辛子…少々

味つけはポン酢しょうゆのみ！ 加えたら、強めの中火で炒め合わせて汁けをとばす。

作り方

1 〉下ごしらえをする

玉ねぎは1cm幅のくし形に切り、ほぐす。アスパラガスは根元5cmの皮をむき、斜め5cm長さに切る。豚肉は食べやすい大きさに切る。

2 〉炒める

フライパンにサラダ油を熱し、豚肉を入れてほぐしながら中火で炒める。肉の色が変わったらアスパラガス、玉ねぎ、しょうがを加え、強めの中火で2～3分炒める。

3 〉調味する

アスパラガスに火が通ったらポン酢しょうゆを加え、汁けをとばしながら炒め合わせる。器に盛り、七味唐辛子をふる。

肉じゃがコロッケ

肉じゃが味のコロッケ。大好きおかず2つのいいとこどりレシピです。何もつけずにどうぞ！

材料…2～3人分

じゃがいも…2個(300g)
合いびき肉…150g
玉ねぎ…½個(100g)
サラダ油…大さじ½
A　しょうゆ…大さじ1½
　　酒、砂糖…各大さじ½
衣
　小麦粉、パン粉…各適量
　溶き卵…1個
揚げ油…適量
レタス…1～2枚(80g)

作り方

1 〉粉ふきいもを作る
じゃがいもは大きめのひと口大に切る。鍋に入れ、水をひたひたに加え、ふたをして中火にかける。煮立ったら弱めの中火にし、15分ほどゆでる。竹串がスーッと通るくらいになったらゆで汁を捨て、弱火で揺すり、水分をとばしながら粉をふかせる。

2 〉具を炒める
玉ねぎはみじん切りにする。フライパンにサラダ油を熱し、玉ねぎを入れて中火で炒め、透き通ってきたら合いびき肉を加え、肉をほぐすように炒める。肉の色が変わったらAで調味し、汁けがとぶまで炒め合わせる。

3 〉成形する
ボウルに**1**を移してフォークでつぶし、**2**を加えて混ぜる。6等分にして小判形に成形し、小麦粉、溶き卵、パン粉の順に衣をつける。

4 〉揚げる
揚げ油を170℃に熱し、**3**を入れて1分30秒～2分揚げ、返してさらに2分ほど揚げ、こんがりとした揚げ色をつける。揚げ鍋にすべて入りきらない場合は、2回に分けて揚げる。

5 〉仕上げる
器に**4**を盛り、ちぎったレタスを添える。

水分を十分とばして粉ふきにすると、じゃがいもがホクホクしておいしい。

→

具を炒めたら甘辛味に調味し、コロッケがベチャッとしないよう、汁けがとぶまで炒め合わせる。

→

油に入れたら最初は触らず、表面がかたまったら返して、もう片面も色よく揚げる。

名古屋風手羽中のから揚げ

カリカリに揚げた手羽中に甘辛いたれをからめます。
仕上げにはこしょうをたっぷり!がおいしさの秘密。

材料…2人分

鶏手羽中(スペアリブ)
…12本(350g)
塩…1つまみ
たれ
酒、砂糖、水
…各大さじ3
しょうゆ…大さじ2
こしょう…少々
小麦粉、揚げ油…各適量
白いりごま…大さじ1
こしょう…適量

作り方

1 〉下ごしらえをする
手羽中は塩をふり、よくもみ込む。

2 〉たれを作る
小鍋にたれの材料を入れて中火にかけ、煮立ててアルコール分をとばし、半量になるまで煮詰め、バットに移す。

3 〉揚げて、たれにつける
手羽中に小麦粉をしっかりとまぶし、余分な粉ははたく。170℃の揚げ油に手羽中を入れ、7～8分かけてこんがり揚げ色がつくまで揚げる。油をきり、熱いうちに**2**のたれをからめ、白ごまをふる。器に盛り、こしょうをふる。

あらかじめたれを作っておき、揚げたての手羽中を入れてたれをよくからめる。

鶏肉のから揚げ

片栗粉と小麦粉の2つの粉を混ぜて使い、2回に分けてまぶすのが、カリッ!とさせるコツ。

材料…2人分

鶏もも肉…大1枚(350g)

下味

- 酒、しょうゆ…各大さじ1½
- おろししょうが…大さじ½

衣

- 小麦粉、片栗粉…各大さじ5

揚げ油…適量

レモン(くし形切り)…2切れ

作り方

1 〉下ごしらえをする

鶏肉は余分な脂を取り除いてひと口大に切り、下味の調味料をもみ込む。

2 〉粉をまぶす

バットなどに衣の小麦粉、片栗粉を入れて混ぜ、¼量ほど取り分ける。鶏肉の汁けを軽くきり、¾量の粉を全体にしっかりまぶし、少しおく。

3 〉揚げる

揚げ油を180℃に熱し、揚げる直前に残りの粉¼量を鶏肉にまぶして揚げ油に入れ、カリッとするまで4～5分揚げる。油をきって器に盛り、レモンを添える。

粉は2回に分けてまぶす。最初の粉をまぶしたらしばらくおいてなじませ、残りは揚げる直前にまぶす。

和風よだれ鶏

すりごまとしょうが入りの辛みだれで和風にアレンジ。本家同様よだれが出るほどおいしく、レンジで作れて簡単！

材料…2人分

鶏むね肉…1枚(300g)
酒…大さじ1
塩…少々
長ねぎ(青い部分)…5cm
しょうがの皮…少々
たれ
- ポン酢しょうゆ…大さじ3
- 赤唐辛子(小口切り)…小1本
- しょうが(みじん切り)…小さじ1
- 白すりごま…大さじ1
- 砂糖…小さじ1
- 塩…1つまみ

水菜…1/4束(50g)

作り方

1 〉下ごしらえをする
鶏肉は、身の厚い部分に5〜6cm長さの切り込みを1本入れる。

2 〉レンジで加熱する
耐熱皿に鶏肉を入れ、酒、塩をふって長ねぎ、しょうがの皮を置く。皮目を上にして、ラップをふんわりとかけて電子レンジで4分30秒〜5分加熱する。粗熱がとれるまでそのまま20分ほどおく。

3 〉たれ、つけ合わせを作る
たれの材料を混ぜ合わせる。水菜は3〜4cm長さに切る。

4 〉仕上げる
鶏肉は食べやすく切って器に盛り、食べる直前に3のたれをかけ、水菜をのせる。

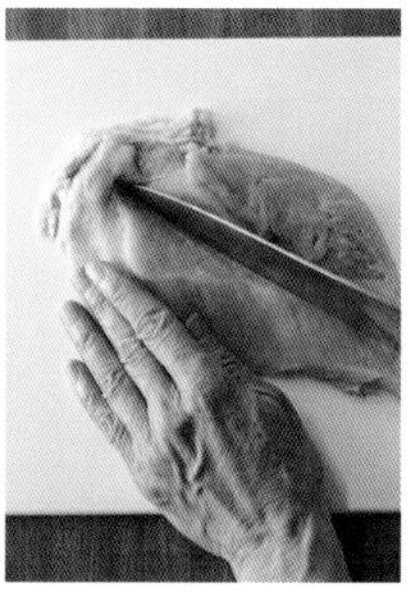

むね肉は厚みに差があるので、厚いところに切り込みを1本入れ、火の通りを均一にする。

鶏むね肉の カレーじょうゆグリル焼き

タンドリーチキンの和風バージョンといったところ。
カレーじょうゆ味がスパイシーで香ばしい！

下味をつけたら、魚焼きグリルに並べて焼くだけ。野菜も一緒に焼き、焼けたら先に取り出す。

材料…2人分

鶏むね肉…1枚(300g)
ししとう…8本(40g)
下味
　しょうゆ…大さじ1½
　カレー粉…小さじ1
　酒…大さじ½
カレー粉…小さじ½

作り方

1 〉下ごしらえをする

鶏肉は、身の厚い部分に5～6㎝長さの切り込みを1本入れる。ポリ袋に入れ、下味の調味料を加え、袋の上からよくもみ込み、冷蔵庫に30分ほどおく。

2 〉焼く

焼く直前に鶏肉にカレー粉をまぶし、魚焼きグリルにのせ、周りにししとうをのせる。弱火で13分ほど焼き、両面にきれいな焼き色をつける。片面焼きグリルの場合は、途中で返す。途中、ししとうが焼けたら取り出す。

3 〉仕上げる

鶏肉は食べやすい大きさに切って器に盛り、ししとうを添える。

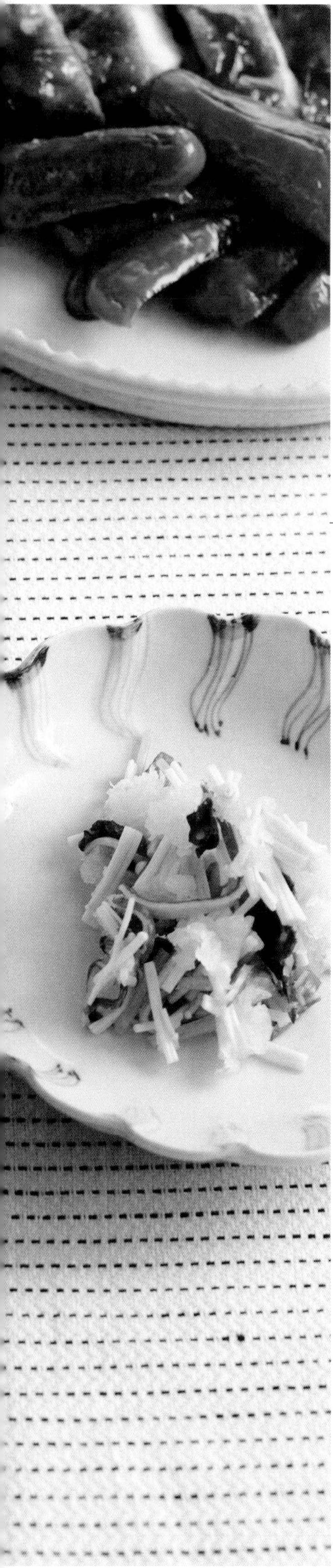

献立例1

この本で紹介した
肉料理を主菜にした献立です。
献立を考えるときは、
次の順に決めていきます。

①その日食べたい主菜
②味のバランスを考えた副菜
③主菜、副菜で使っていない素材の汁もの

主菜 **鶏肉の照り焼き** （作り方 p.23）

副菜 **かにかまとえのきと三つ葉のみぞれあえ** （作り方 p.79）

汁もの **くずし豆腐とねぎのみそ汁** （作り方 p.91）

「鶏肉の照り焼き」のように、こってりした味が主菜のときは、副菜には大根おろしをあえ衣にしたさっぱり味のあえものを合わせます。汁ものには豆腐を加えると、植物性たんぱく質が摂れるだけでなくボリュームも出て、食べ盛りのお子さんにもぴったりです。

作るときの段取り

みそ汁をみそを
入れる手前まで作る
↓
あえものを
あえる手前まで準備
↓
照り焼きを作る
↓
あえものを仕上げる
↓
みそ汁を温め、
みそを入れる

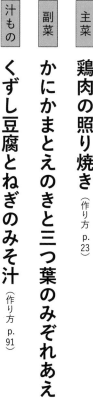

第二章

魚が主役の和のおかず

魚は火を通しすぎない

ほとんどの魚は火を通しすぎるとかたくなります。中まで火が通ったらそれ以上は加熱しないように注意しましょう。

魚は下ごしらえがおいしさを決める

魚料理は下ごしらえが何より大事。下味をつける、また塩をして出てきた水分はふき取るなどして、きちんと臭みを抜いてから調理に入ります。

煮つけを作るときは、野菜も一緒に煮る

煮つけのときは、同じ煮汁で野菜や豆腐を煮ると一石二鳥です。加えるタイミングは、その食材の加熱に要する時間に合わせて決めます。

かれいの煮つけ

作り方〉p.38

かれいの煮つけ

コツを覚えたら、実は簡単なのが煮魚です。
魚をふっくら煮るコツは、煮すぎないこと！

材料…2人分

かれい(切り身)
…2切れ(300g)
木綿豆腐…½丁(150g)
小松菜…½束(100g)
煮汁
- 酒、みりん…各大さじ3
- 水…カップ1
- しょうゆ…大さじ3
- 砂糖…大さじ2

作り方

1 〉下ごしらえをする
かれいはペーパータオルで水けをふき取る。豆腐は4等分に切る。小松菜は4～5cm長さに切る。

2 〉かれいを煮る
フライパンに煮汁の酒、みりんを入れて中火にかけ、煮立ててアルコール分をとばし、煮汁の材料の残りを加え、再び煮立ったらかれいを並べ入れる。かれいにスプーンで煮汁をかけ、落としぶたをして中火で6～7分煮て(卵つきのかれいは少し長めに煮る)、ほぼ火が通ったら取り出し、器に盛る。

3 〉つけ合わせを煮る
2の煮汁に小松菜の茎、葉先の順に入れ、火が通るまで煮て取り出し、**2**の器に盛る。豆腐を入れ、スプーンで煮汁をかけながら1～2分煮る。**2**の器に豆腐を盛り、全体に煮汁をかける。

生臭みが気にならないよう、かれいは煮汁を煮立ててから入れる。途中で返さないので、表身を上にする。

→

かれいは煮すぎるとかたくなるため、先に取り出し、同じ煮汁でつけ合わせの豆腐を煮る。

たらのあっさり煮

鍋料理でおなじみの2素材は、薄味で煮上げます。仕上がりをイメージし、時間差で加えるのがコツです。

材料…2人分

たら(切り身)…2切れ(200g)
白菜…2～3枚(200g)
煮汁
- 水…カップ½
- 酒、みりん、しょうゆ…各大さじ1½
- 砂糖…小さじ1

作り方

1 〉下ごしらえをする
たらはペーパータオルで水けをふき取る。白菜は縦半分、横3cm幅に切り、軸と葉先にざっと分ける。

2 〉白菜を煮る
フライパンに煮汁の材料を入れて中火にかけ、煮立ったら白菜の軸を入れ、ふたをして4～5分煮る。

3 〉たらを加え、煮る
白菜が透き通ってきたら端に寄せ、たらを並べ入れ、たらにスプーンで煮汁をかける。空いているところに白菜の葉先を加え、落としぶたをして中火で4～5分煮る。落としぶたを取り、煮汁をかけながら1～2分煮る。器にたらを盛り、白菜を添え、煮汁をかける。

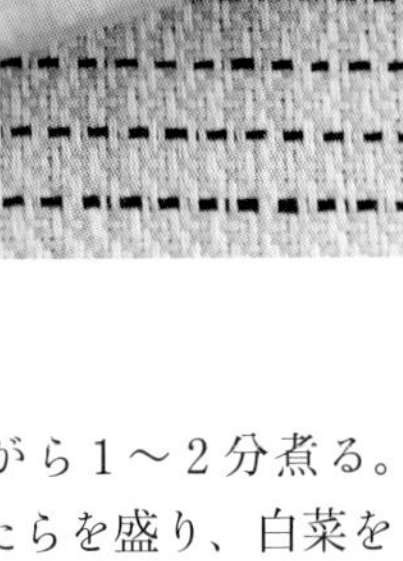

くたっとさせたい白菜の軸を先に煮て、たらを加える。火の通りが早い白菜の葉先は、最後に加える。

ぶり大根

ぶりは下ごしらえがラクな切り身を使えば簡単。
下ゆでした大根をあとから加えて煮れば失敗しらずです。

材料…2～3人分

ぶり（切り身、腹側）
…3切れ（300g）
大根…½本（600g）
しょうが（薄切り）…1かけ
煮汁
水…カップ2
酒、みりん、しょうゆ
…各大さじ2½
砂糖…大さじ1

作り方

1 〉下ごしらえをする
ぶりはペーパータオルで水けをふき取り、2～3等分に切る。大根は3～4cm厚さの輪切りにし、皮を厚めにむいて、太いものは縦半分に切る。

2 〉大根をゆでる
鍋に大根、かぶるくらいの水を入れ、ふたをして中火にかける。煮立ったら弱火で15～20分、大根に竹串がやっと通るくらいまでゆでる。

3 〉ぶりを煮る
別鍋に煮汁の材料を入れて中火にかけ、煮立ったら**1**のぶり、しょうがを散らす。再び煮立ったらアクを取り、落としぶたをして中火で2～3分煮る。

4 〉大根を入れて煮る
2の大根の汁けをきり、**3**の煮汁にしっかり浸かるように加え、落としぶたをして弱めの中火で25～30分、大根が十分やわらかくなるまで煮る。

大根はかぶるくらいの水でゆで、完全にやわらかくなる手前までゆでる。

→

ぶりは大根とは別の鍋で、煮汁で先に煮る。

→

ゆでた大根は汁けをきって、ぶりの入った鍋に移し、さらに煮る。

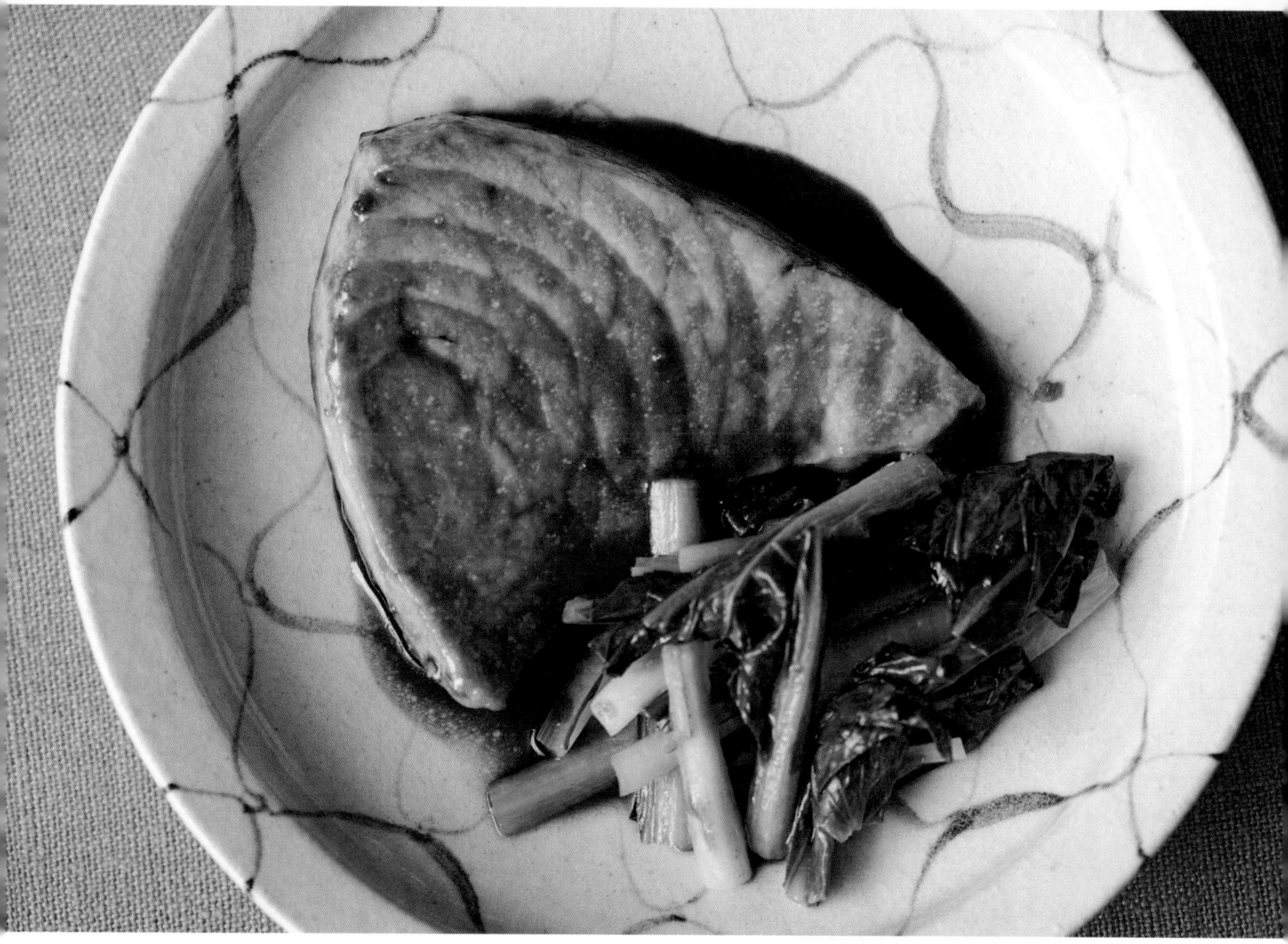

めかじきの照り焼き

肉っぽい味わいで、子どもにも食べやすいめかじき。油と相性がいいので、ソテーして甘辛味に仕上げます。

魚介

焼きもの

材料…2人分

めかじき(切り身)
　…2切れ(200g)
小松菜…½束(100g)
下味
　酒、みりん、しょうゆ
　　…各大さじ1½
サラダ油…小さじ2
砂糖…大さじ½

作り方

1 〉下ごしらえをする

めかじきは下味の調味料をからめ、5分ほどおく(調味料はとっておく)。途中、一度返す。小松菜は5cm長さに切る。

2 〉小松菜を炒める

フライパンにサラダ油小さじ1を熱し、小松菜を茎、葉先の順に入れて中火でさっと炒め、器に盛りつける。

3 〉めかじきを焼く

2のフライパンにサラダ油小さじ1を熱し、めかじきを入れ、弱めの中火で2分ほど焼く。きれいな焼き色がついたら返し、もう片面も2分ほど焼く。

4 〉たれをからめる

3に**1**の下味の調味料、砂糖を加え、火を強めてフライパンを揺すりながら煮て、煮汁がとろりとしてきたら、スプーンで煮汁をかけながら煮る。**2**の器に盛り、煮汁を全体にかける。

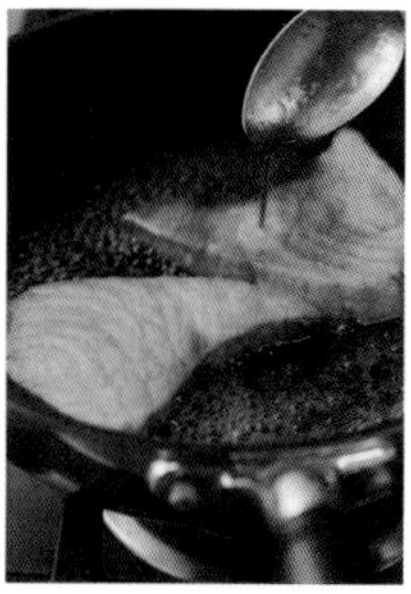

煮汁にとろみがついてきたら、スプーンでめかじきにかけながら、全体に煮からめる。

さけとキャベツともやしのみそバター焼き

こんがり焼けたさけと、甘いキャベツともやしをこってりとしたみそとバターの風味が包み込みます。

材料…2人分

生ざけ(切り身)…2切れ(200g)
キャベツ…2～3枚(200g)
もやし…小1袋(150g)

下味
- 酒、しょうゆ…各大さじ½

みそだれ
- みそ…大さじ1½
- 酒、みりん…各大さじ1
- しょうゆ、砂糖…各小さじ1

サラダ油、バター…各大さじ1

作り方

1 〉下ごしらえをする
さけはペーパータオルで水けをふき取って2等分に切り、下味の調味料をからめる。キャベツはひと口大に切り、もやしはひげ根を取る。みそだれの材料は混ぜ合わせる。

2 〉さけを焼く
フライパンにサラダ油小さじ1を熱し、さけを汁けをふいて並べ、中火で両面に軽く焼き色をつけ、取り出す。

3 〉野菜を炒め、さけと炒め合わせる
2のフライパンをきれいにして残りのサラダ油(小さじ2)を熱し、キャベツ、もやしを中火で2～3分炒める。しんなりしたら、さけを戻し入れ、みそだれを回し入れて炒め合わせる。器に盛り、熱いところにバターを落とし、混ぜて食べる。

さけを焼いたらいったん取り出しておくと、その後野菜と炒め合わせるときにくずれない。

さばのカレーじょうゆ焼き

少しクセのあるさばはカレー味にして食べやすく。下味と衣に入れたカレー粉使いが決め手です。

材料…2人分

さば(3枚おろし)…1枚(200g)
赤パプリカ…小1個(150g)
下味
- 酒、しょうゆ
  …各大さじ1
- カレー粉…小さじ1

サラダ油…大さじ1½
塩…少々
衣
- 小麦粉…大さじ2
- カレー粉…少々

作り方

1 〉下ごしらえをする
さばはペーパータオルで水けをふき取り、ひと口大のそぎ切りにし、下味の調味料をからめ、10分ほどおく。パプリカは縦半分に切り、種とヘタを取って縦1cm幅に切る。衣の材料は混ぜ合わせる。

2 〉パプリカを炒める
フライパンにサラダ油大さじ½を熱し、パプリカを入れて中火で炒める。しんなりとしたら塩をふり、器に盛る。

3 〉さばを焼く
さばの汁けをペーパータオルでふき取り、衣を全体にまぶす。**2**のフライパンにサラダ油大さじ1を熱し、さばを皮目を下にして並べ、中火で2～3分焼く。きれいな焼き色がついたら返し、もう片面も2～3分焼いて中まで火を通し、**2**の器に盛る。

小麦粉とカレー粉を混ぜ合わせた衣を、下味をつけたさば全体にまぶして焼けば、カリッと仕上がる。

さわらのごまみそ焼き

すりごま入りの濃厚みそだれ。
塗りながらさわらにからめ、香ばしく焼き上げます。

材料…2人分

さわら（切り身）
…2切れ（200g）
ブロッコリー…½個（正味150g）
下味
酒、しょうゆ
…各大さじ½
ごまみそ
みそ、みりん、白すりごま
…各大さじ1
砂糖…小さじ1
サラダ油…大さじ1
塩…少々

作り方

1 〉下ごしらえをする
さわらはペーパータオルで水けをふき取り、下味の調味料をからめ、10分ほどおく。ブロッコリーは小房に分ける。ごまみその材料は混ぜ合わせる。

2 〉ブロッコリーを焼く
フライパンにサラダ油大さじ½を熱し、ブロッコリーを入れ、ふたをして2分ほど焼く。薄く焼き色がついたら返し、再びふたをして2分ほど焼き、塩をふって取り出し、器に盛る。

3 〉さわらを焼く
フライパンをきれいにしてサラダ油大さじ½を熱し、**1**のさわらの汁けをペーパータオルでふいて皮目を下にして並べ、弱めの中火で2〜3分焼く。焼き色がついたら返し、もう片面も2〜3分焼く。

4 〉たれをからめる
ごまみそをかけ、弱火にしてヘラなどで全体に塗りからめながら焼き、**2**の器に盛る。

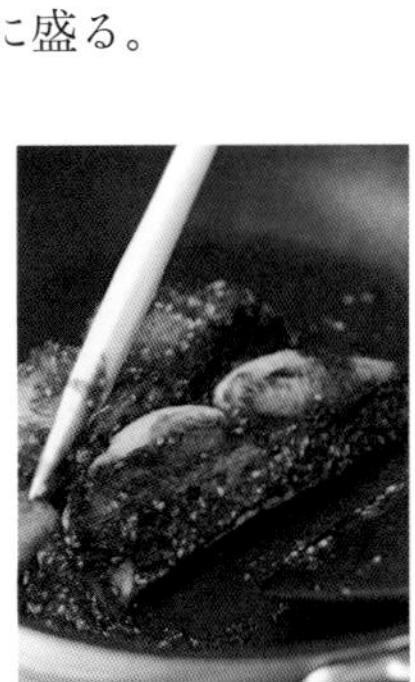

ごまみそをかけ、ヘラなどで塗りながらからめるとよい。

さけの焼き漬け

焼いただけのさけも、漬け汁につけて
おろしと薬味をのせたら、一気におもてなし風！

材料…2人分

生ざけ（切り身）
…2切れ（200g）
貝割れ菜…¼パック（10g）
大根おろし
…100g（大根200g分）
塩…1つまみ
漬け汁
酒、みりん、しょうゆ
…各大さじ1
赤唐辛子（小口切り）
…小1本
水…大さじ3
砂糖…小さじ½

作り方

1 〉下ごしらえをする
さけはペーパータオルで水けをふき取り、3等分に切って塩をふり、10分ほどおく。貝割れ菜は根を落とし、3等分に切る。

2 〉漬け汁を作る
耐熱容器に漬け汁の酒、みりんを入れ、ラップをかけずに電子レンジで1分加熱してアルコール分をとばし、残りの材料を混ぜ合わせる。

3 〉さけを焼く
1のさけの水けをペーパータオルでふき、魚焼きグリルで7〜8分焼いて中まで火を通し、熱いうちに**2**に浸す。

4 〉仕上げる
器に**3**のさけを盛り、大根おろし、貝割れ菜をのせ、漬け汁をかける。

焼きたてのさけを漬け汁につけると、味がなじみやすい。

焼きあじサラダ

香ばしく焼いたあじとシャキシャキ野菜。
合わせることで、どちらもよりおいしくなります。

材料…2人分

あじ(3枚おろし)
…2尾分(180g)
フリルレタス…50g
みょうが…2個
しょうが…1かけ
下味
塩…1つまみ
こしょう…少々
和風ドレッシング
ポン酢しょうゆ
…大さじ2
ごま油…大さじ½
小麦粉…少々
サラダ油…大さじ½

作り方

1 〉下ごしらえをする
あじは小骨を抜き、ペーパータオルで水けをふき取り、半分に切り、下味の塩、こしょうを両面にふる。フリルレタスは食べやすい大きさにちぎる。みょうがは縦半分に切って縦薄切り、しょうがはせん切りにし、すべての野菜を冷水に2〜3分つけてシャキッとさせ、水けをよくきる。

2 〉ドレッシングを作る
和風ドレッシングの調味料は混ぜ合わせる。

3 〉あじを焼く
1のあじの水けをペーパータオルでふき取り、皮側のみに小麦粉を薄くまぶす。フライパンにサラダ油を熱し、皮目を下にして並べて中火で2分ほど焼き、返してもう片面も2分ほど焼く。

4 〉仕上げる
器に**1**の野菜、**3**のあじを盛り合わせ、**2**のドレッシングをかける。

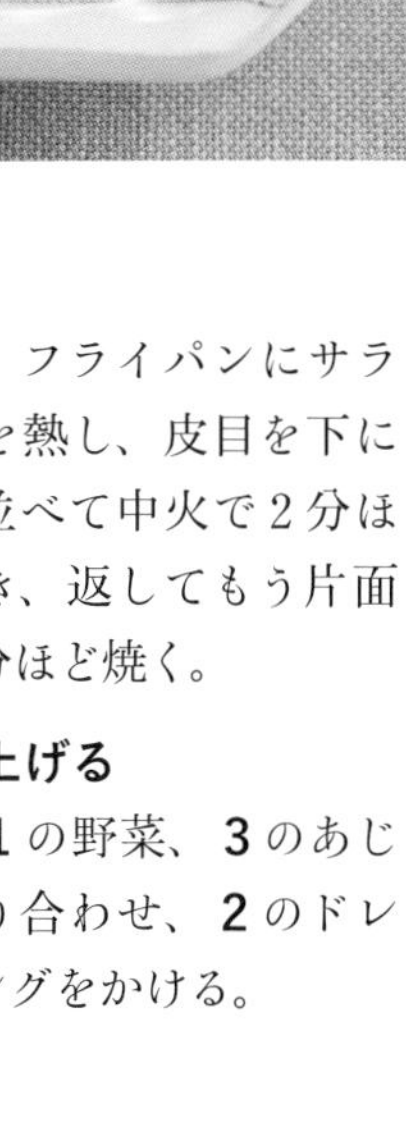

あじは皮目にだけ小麦粉をまぶして焼く。これで、皮目がパリッ!

えびとねぎと卵の甘辛炒め

プリプリえびとふわとろ卵。
どちらも火を通しすぎないよう注意します。

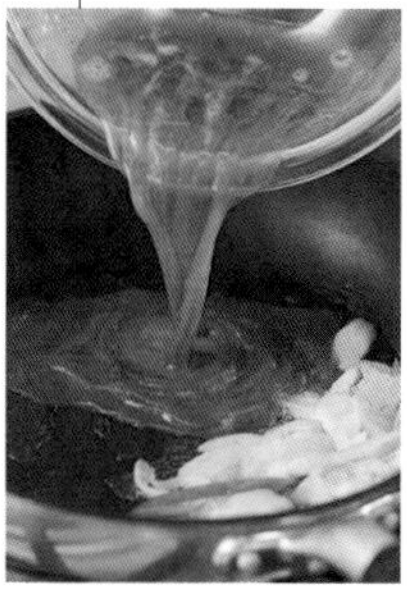

炒めたえびと長ねぎを端に寄せ、空いたところに油を足し、熱々になったところに卵液を流し入れる。

材料…2人分

むきえび…7～8尾(100g)
長ねぎ…½本(50g)
卵…3個
下味
　塩…少々
　酒…小さじ1
A　しょうゆ…大さじ½
　砂糖…小さじ2
片栗粉…小さじ1
サラダ油…大さじ2
酒…小さじ1

作り方

1 〉下ごしらえをする
むきえびはあれば背ワタを取り、流水で洗ってペーパータオルで水けをふき取り、下味の塩、酒をからめる。長ねぎは斜め5㎜幅に切る。卵は溶きほぐし、Aを加えて混ぜる。

2 〉具材を炒める
むきえびの汁けをペーパータオルでふき取り、片栗粉をまぶす。フライパンにサラダ油大さじ1を熱し、むきえび、長ねぎを順に入れて中火でさっと炒め合わせ、酒をふる。

3 〉卵を加え、炒め合わせる
むきえびの色が変わったら長ねぎとともに端に寄せ、強めの中火にして空いているところにサラダ油大さじ1を足し、卵液を流し入れる。大きく混ぜ、半熟状になり始めたら、むきえび、長ねぎとざっと混ぜる。

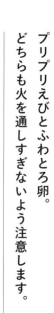

たいとあさりとわかめのフライパン蒸し煮

アクアパッツァをイメージし、和風に仕上げました。
あさりのうまみを吸った魚とわかめは最高のごちそう。

フライパンに材料を並べたら、酒、水を加え、ふたをして蒸し煮にするだけ。

材料…2人分

たい(切り身)
…2切れ(200g)
あさり…200g
わかめ(塩蔵)
…10g(もどして30g)
グリーンアスパラガス
…4本(100g)
下味
- 塩…少々
- 酒…大さじ1

酒…大さじ2
水…カップ2/3
しょうゆ…小さじ1

作り方

1 〉下ごしらえをする
あさりは海水程度(3%)の塩水に入れ、暗くして(新聞紙などをのせて)1時間ほどおいて砂出しし、殻をこすり洗う。たいはペーパータオルで水けをふき取り、下味の酒、塩をからめる。アスパラガスは根元5cmの皮をむき、5cm長さに切る。わかめは塩を洗い流し、水けを絞って3cm長さに切る。

2 〉蒸し煮にする
フライパンに酒、分量の水を入れて中火にかけ、煮立ったら**1**のたいを汁けをふき取って入れ、あさりも加える。空いているところにアスパラガスを加え、ふたをして3〜4分蒸し煮にする。

3 〉調味する
あさりの殻が開いたらわかめを加えてひと煮し、しょうゆをふる。味をみて塩少々(分量外)で調味する。

献立例2

この本で紹介した
魚料理を主菜にした献立です。
主菜が決まったら、
調理法の違う副菜を選びましょう。
そうすると、
段取りよく作ることができます。

主菜 **たらのあっさり煮**（作り方 p.39）

副菜 **春菊のごまあえ**（作り方 p.76）

汁もの **豚ひき肉とじゃがいものみそ汁**（作り方 p.91）

薄味に仕上げた「たらのあっさり煮」が主菜なら、副菜にはこってりとした味のおかずを合わせます。魚料理は肉料理に比べるとボリュームが少なめなので、副菜または汁ものに、いも類などの食べごたえのあるおかずを組み合わせるといいでしょう。

作るときの段取り

みそ汁をみそを
入れる手前まで作る
↓
春菊のごまあえを
あえる手前まで準備
↓
あっさり煮を作る
↓
あえものを仕上げる
↓
みそ汁を温め、
みそを入れる

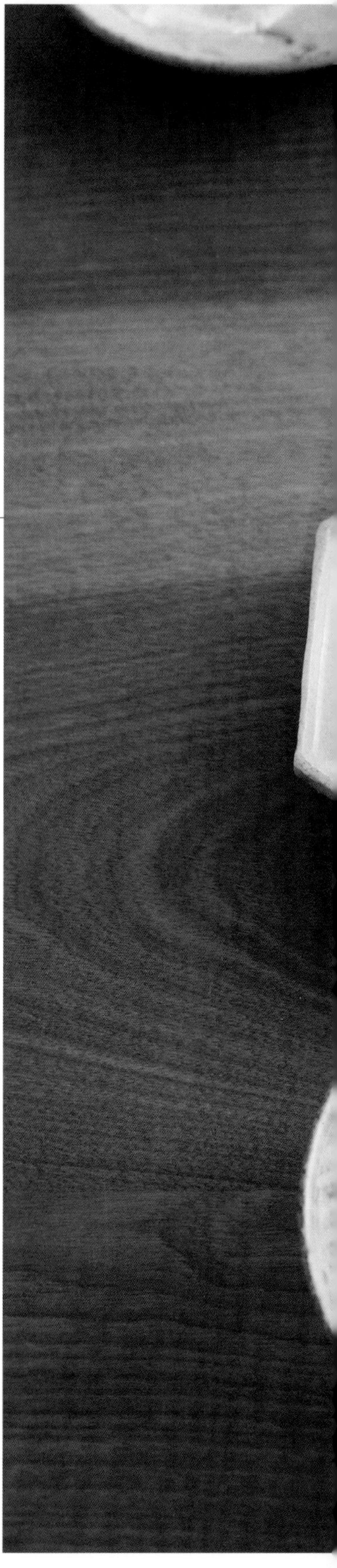

第三章

豆腐・卵が主役の和のおかず

時間がないときに、役立つおかずばかり

生で食べられる豆腐、火が通りやすい卵。どちらもしっかり火を通す必要がないので、時間がないときにとても便利です。バリエーション豊富に覚えておきましょう。

肉や魚介を組み合わせ、ボリュームアップ

豆腐や卵はそれだけでもメインのおかずになりますが、少量の肉や魚介を合わせると、ボリュームが出るばかりか、味わいに深みがプラスされ、よりおいしくなります。

豆腐を加熱するなら、水きりはしっかり

ステーキや炒めものなど加熱する場合は、特にしっかり水きりします。豆腐は厚みを半分に切ってペーパータオルに包むと、水分が出やすく、短時間で水けがきれます。

豆腐ステーキ
カレーしょうゆあん

作り方 〉p.54

豆腐ステーキ カレーしょうゆあん

香ばしく焼いた豆腐に、とろ～りあん。ヘルシーなのに、食べごたえも抜群です。

材料…2人分

木綿豆腐…1丁(300g)

カレーあん

- 豚こま切れ肉…50g
- しめじ…小½パック(50g)
- 長ねぎ…⅓本(30g)
- サラダ油…大さじ½
- カレー粉…小さじ1
- 水…カップ¾
- 酒、みりん…各大さじ1
- しょうゆ…大さじ1½
- **水溶き片栗粉**
  - 片栗粉…大さじ1
  - 水…大さじ2

サラダ油…大さじ½

作り方

1 〉豆腐を水きりする

豆腐は半分に切り、厚みも半分に切る。バットにペーパータオルをのせ、その上に豆腐を置き、さらにペーパータオルをのせて押さえ、10分ほど水きりする。

2 〉あんの具を準備する

しめじは石づきを落として細かくほぐし、長ねぎは斜め薄切りにする。豚肉は1cm幅に切る。

3 〉カレーあんを作る

フライパンにサラダ油を熱し、豚肉を中火で炒める。肉の色が変わったらしめじ、長ねぎを加えて炒め、全体に油がまわったらカレー粉をふって炒める。香りが出たら分量の水を加え、煮立ったら酒、みりん、しょうゆで調味し、再び煮立ったら水溶き片栗粉でとろみをつける。

4 〉豆腐を焼く

別のフライパンにサラダ油を熱し、**1**の豆腐を入れて中火で3分ほど焼く。きれいな焼き色がついたら返し、さらに3分ほど中が熱くなるまで焼き、器に盛る。

5 〉仕上げる

3を再び火にかけてひと煮し、**4**にかける。

あんの具材を炒めたら、カレー粉をふり、炒めて香りを出す。

→

とろみをつけるときは、フライパンの中を混ぜているところに水溶き片栗粉を流し入れるとダマにならない。

→

豆腐は中火で3分ほど動かさずに焼いて香ばしい焼き色をつけ、もう片面も同様に焼く。

温やっこ そぼろあんかけ

レンチンした豆腐にあんをかけるだけ。
ほっとする味で、スルスルとお腹に入ります。

材料…2人分

絹ごし豆腐…1丁(300g)

そぼろあん

- 鶏ひき肉…100g
- えのきたけ…小½袋(50g)
- 三つ葉…¼束(15g)
- 酒…大さじ1
- 水…カップ½
- みりん、しょうゆ…各大さじ1
- 塩…少々
- 砂糖…小さじ1
- **水溶き片栗粉**
  - 片栗粉…大さじ1
  - 水…大さじ2

作り方

1 〉あんの具を準備する
えのきたけは根元を落とし、1cm長さに切る。三つ葉はざく切りにする。

2 〉豆腐をレンジで加熱する
豆腐は4等分に切る。耐熱皿にのせ、ラップをふんわりかけて電子レンジで2分30秒～3分加熱する。

3 〉そぼろあんを作る
鍋にひき肉、酒を入れて中火にかけ、菜箸3～4本でよく混ぜながら炒る。ポロポロになったら分量の水を加え、煮立ったらアクを取り、みりん、しょうゆ、塩、砂糖で調味し、えのきたけを加える。ひと煮したら水溶き片栗粉でとろみをつけ、三つ葉を加える。

4 〉仕上げる
器に**2**の豆腐を盛り、**3**のあんをかける。

鍋にひき肉、酒を入れて炒り、ポロポロになって水分が出てきたら火が入った証拠。水を加えて煮る。

肉豆腐

3素材を使うからこそのおいしさです。
難しいことは何もなく、コツは煮すぎないことくらい。

煮汁が煮立ったら、牛肉をほぐしながら入れ、煮汁に肉のうまみをつける。

材料…2人分

木綿豆腐…1丁(300g)
牛切り落とし肉…150g
長ねぎ…大1本(150g)
煮汁
- 水…カップ½
- 酒、しょうゆ…各大さじ2½
- 砂糖…大さじ2

作り方

1 〉下ごしらえをする
豆腐は6等分に切り、長ねぎは3cm幅の斜め切りにする。牛肉は大きいものは食べやすい大きさに切る。

2 〉煮る
小さめのフライパンまたは鍋に煮汁の材料を入れて中火にかけ、煮立ったら牛肉をほぐしながら加え、肉の色が変わったらアクを取り、端に寄せる。長ねぎ、豆腐を加え、煮汁をかけながら6〜7分煮る。

厚揚げの射込み煮

肉だねのうまみが染み込んだ厚揚げ。
甘辛味ととろみ。ご飯に合う条件が揃い踏み！

厚揚げの切り込みに肉だねを詰め、ギュッと押し込む。

材料…2人分

厚揚げ（絹ごし）…2枚（400g）
春菊…½束（100g）

肉だね

- 鶏ひき肉…100g
- 長ねぎ（みじん切り）…⅕本（大さじ2）
- おろししょうが…小さじ½
- 酒、片栗粉…各大さじ½
- 塩…1つまみ

煮汁

- 水…カップ1½
- 酒、みりん、しょうゆ…各大さじ2½
- 砂糖…大さじ1

水溶き片栗粉

- 片栗粉…大さじ½
- 水…大さじ1

作り方

1 〉下ごしらえをする

厚揚げはペーパータオルで表面の油をふき取り、半分に切り、厚みに深い切り込みを入れる。春菊は5cm長さに切り、葉と茎に分け、茎の太い部分は半分に切る。

2 〉肉だねを詰める

ボウルに肉だねの材料を入れ、よく練り混ぜて4等分にし、厚揚げの切り込みに詰める。

3 〉煮る

鍋に煮汁の材料を入れて煮立て、**2**を入れ、再び煮立ったらアクを取り、落としぶたをして弱めの中火で7～8分煮る。肉に火が通ったら春菊を加え、さっと煮て水溶き片栗粉でとろみをつける。

豆腐と鶏ささ身のとろみ煮

ふわふわ豆腐とつるんとしたささ身のやさしいコンビ。
ほんのり甘い薄味にしょうがを利かせるのがコツです。

材料…2人分

絹ごし豆腐…1丁(300g)
水菜…½袋(100g)
鶏ささ身…2枚(100g)
おろししょうが…½かけ分
下味
- 塩…少々
- 酒…大さじ½

煮汁
- 水…カップ1½
- 酒…大さじ1
- 砂糖…小さじ1
- 塩…小さじ¾

片栗粉…大さじ1½

作り方

1 〉下ごしらえをする
豆腐は2cm大に切る。水菜は3cm長さに切り、茎と葉に分ける。鶏肉はひと口大のそぎ切りにし、下味の塩、酒をからめる。

2 〉豆腐、鶏肉を煮る
フライパンに煮汁の水を入れて中火にかけ、煮立ったら酒、砂糖、塩で調味し、豆腐を加える。再び煮立ったら鶏肉に片栗粉をまぶし、1枚ずつ空いているところに入れる。

3 〉野菜を加え、煮る
煮立ったらアクを取り、豆腐が熱くなったらおろししょうが、水菜の茎、葉を順に加え、ひと煮する。

鶏肉に片栗粉をまぶして煮汁に入れると、鶏肉がつるりとして歯触りがよくなり、煮汁にとろみもつく。

厚揚げの卵とじ

厚揚げのほどよい油がコク出しになり、食べごたえ十分。わかめ、スナップえんどうで彩り&食感よく仕上げます。

材料…2人分

厚揚げ（絹ごし）…小1枚（150g）
スナップえんどう…60g
わかめ（塩蔵）…10g（もどして20g）
卵…3個
煮汁
- 水…カップ2/3
- 酒、みりん…各大さじ1 1/2
- しょうゆ…大さじ1
- 砂糖…大さじ1/2
- 塩…1つまみ

作り方

1 〉下ごしらえをする
厚揚げはペーパータオルで表面の油をふき取り、縦半分、横1cm幅に切る。スナップえんどうは筋を取り、斜め半分に切る。わかめは塩を洗い流し、水けを絞って食べやすい大きさに切る。ボウルに卵を溶きほぐす。

2 〉煮る
小さめのフライパンに煮汁を入れて中火にかけ、煮立ったら厚揚げを入れ、ふたをして1分ほど煮る。スナップえんどうを加えてさらに1分ほど煮て、わかめを加えてひと煮する。

3 〉卵を回し入れる
弱めの中火にし、溶き卵を回し入れ、大きく混ぜたらふたをして火を止め、余熱で好みの加減に火を通す。

厚揚げは熱湯で油抜きをする必要はなく、表面の油をふく程度でよい。

おかず炒り豆腐

主菜になるよう、鶏肉を加えてボリュームアップ。甘めに味つけすると、後を引く味になります。

材料…2人分

木綿豆腐…1丁(300g)
鶏もも肉…小½枚(100g)
ごぼう…¼本(50g)
にんじん…⅓本(50g)
長ねぎ…½本(50g)
サラダ油…大さじ½
A　酒…大さじ½
　砂糖…大さじ1
　しょうゆ…大さじ⅔
　塩…小さじ⅓

作り方

1 〉下ごしらえをする

豆腐は厚みを半分に切り、ペーパータオルで包んで20分ほど水きりする。ごぼうはタワシで皮をきれいに洗って細めのささがきにし、水に5分ほどさらしてざるにあげ、水けをきる。にんじんは2cm長さの細切り、長ねぎは小口切りにする。鶏肉は余分な脂を取り、1cm角に切る。

2 〉炒める

フライパンにサラダ油を熱し、鶏肉を入れて中火で炒める。肉の色が変わったらごぼうを入れて1分ほど炒め、にんじん、長ねぎを加えて強めの中火で炒め合わせる。野菜がしんなりしたら豆腐を加え、豆腐をくずしながら強火で炒め合わせる。

3 〉調味する

豆腐の水分がとんだらAを順に加え、汁けがなくなるまで炒め合わせる。

ゴーヤチャンプルー

1皿に豆腐も肉も野菜も詰まった、満点おかず。
削り節を2回に分けて使うと、味に深みが出ます。

材料…2人分

木綿豆腐…1丁(300g)
ゴーヤ…½本(150g)
玉ねぎ…½個(100g)
豚こま切れ肉…100g
卵…1個
サラダ油…大さじ1
A　酒…大さじ1
　　塩…小さじ1
　　こしょう…少々
削り節…1袋(3g)
ごま油…少々

作り方

1 〉下ごしらえをする

豆腐は厚みを半分にし、ペーパータオルで包み、20分ほど水きりする。ゴーヤは縦半分に切り、ワタと種をこそげ取り、2～3㎜幅の薄切りにする。玉ねぎは縦2～3㎜厚さの薄切りにする。豚肉は大きいものは食べやすく切る。

2 〉具材を炒める

フライパンにサラダ油を熱し、豚肉を入れて強めの中火でほぐしながら炒める。肉の色が変わったらゴーヤ、玉ねぎを加えて炒める。しんなりしたら豆腐を大きくちぎって加え、くずしながら炒め、豆腐に火が通ったらAを順に加えて調味する。

3 〉卵を炒め合わせる

卵を溶きほぐして入れ、大きく混ぜながらざっと炒め、削り節の半量を加え、ごま油を回し入れて香りをつける。器に盛り、残りの削り節をかける。

だしなしだし巻き卵

だしの代わりに、
味が出るしらすを加えて作ります。
三つ葉のさわやかな香りもおいしさのひとつ。

材料…卵焼き器１台分

卵…３個
しらす…大さじ３(30g)
三つ葉…⅓束(20g)
A｜水…カップ½
　｜酒…大さじ１
　｜砂糖…大さじ½
　｜しょうゆ…小さじ½
　｜塩…少々
サラダ油…適量
大根おろし…100g(大根200g分)
しょうゆ(好みで)…少々

作り方

１〉下ごしらえをする
ボウルに卵を割り入れ、菜箸で卵白を切るようによく溶きほぐし、Aを加えて混ぜ合わせる。三つ葉は3㎝長さに切る。

２〉焼く
卵焼き器にサラダ油大さじ１を入れて弱火で熱し、油をよくなじませ、余分な油は小さな器に取り出す(とっておく)。**１**の卵液をお玉１杯ほど流し入れて全体に広げ、半熟のうちにしらす、三つ葉の¼量くらいを全体に散らし(**a**)、奥から手前に巻く(**b**)。奥の空いたところに油を塗り、卵焼きを奥にずらし、手前にも油を塗る。手前に卵液をお玉１杯ほど流し入れ、卵焼きの下にも入れ(**c**)、しらす、三つ葉を散らして(**d**)巻く。これを数回繰り返して焼く。

３〉仕上げる
２が少し落ち着いたら食べやすい大きさに切る。器に盛り、大根おろしを添え、好みでおろしにしょうゆをかける。

a

b

c

d
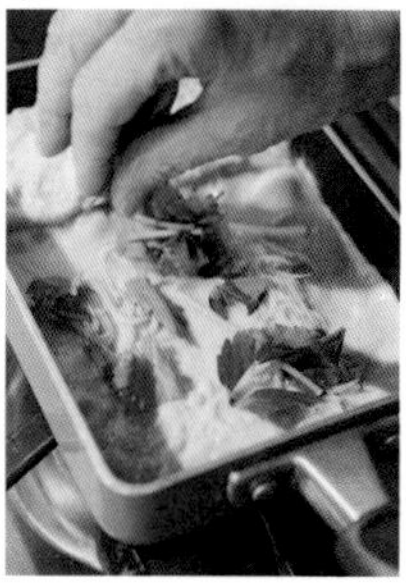

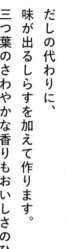

おかず卵焼き

オープンオムレツの和風版をイメージ。ブロッコリーとにんじんを入れると色鮮やかになります。

材料…2～3人分

卵…4個
ブロッコリー…1/2個(正味150g)
にんじん…1/3本(50g)
鶏ひき肉…100g
A　砂糖…大さじ2
　　しょうゆ…大さじ1
　　塩…1つまみ
サラダ油…大さじ2
B　酒…大さじ1
　　塩…少々

作り方

1 〉下ごしらえをする
ブロッコリーは細かい小房に分け、茎は皮を厚めにむいて5mm厚さの半月切りにする。にんじんは3cm長さ、5mm幅の細切りにする。卵は溶きほぐし、Aを混ぜる。

2 〉具を蒸し焼きにする
卵焼き器にサラダ油大さじ1を熱し、ひき肉を入れて中火でほぐしながら炒め、肉の色が変わったらにんじんを加えてひと炒めし、ブロッコリー、Bを加える。フライパンのふたをかぶせ、2分ほど蒸し焼きにする(a)。色が鮮やかになったら、ふたを取って汁けをとばしながら炒める。

3 〉卵を流し入れ、焼く
2にサラダ油大さじ1を足して全体に行きわたらせ、卵液を流し入れ、菜箸で混ぜながら全体を半熟状にし、フライパンのふたをして弱火で4分ほど焼く。きれいな焼き色がついたら火を止め、フライパンのふたをかぶせて(b)返して取り出し(c)、フライ返しで卵焼き器に戻し(d)、ふたをしないで弱火で3分ほど焼く。食べやすい大きさに切る。

a

b

c

d

和風かに玉

かにはかにかまでもよく、そら豆の代わりに長ねぎでもOK。銀あんが全体をやさしくまとめてくれます。

材料…2人分

卵…4個
かにの身…80g
そら豆…さやつき300g
（正味60g）
塩…少々
サラダ油…大さじ2
A｜酒…大さじ½
　｜しょうゆ…小さじ1
銀あん
｜水…カップ⅔
｜酒…大さじ½
｜みりん…小さじ½
｜しょうゆ…小さじ1
｜塩…1つまみ
｜水溶き片栗粉
｜｜片栗粉…大さじ1
｜｜水…大さじ2

作り方

1 〉下ごしらえをする
かにの身はあれば軟骨を取り、大きくほぐす。そら豆はさやから出し、薄皮をむく。卵は溶きほぐし、塩を混ぜる。

2 〉具を炒める
小さめのフライパンにサラダ油大さじ½を熱し、そら豆を中火でしっかり炒め、かにを加えてさっと炒め、Aで調味する。

3 〉卵を加え、炒める
2にサラダ油大さじ1½を足し、卵液を流し入れ、大きく混ぜながらやわらかめのスクランブル状に火を通し、器に盛る。

4 〉銀あんを作る
鍋に銀あんの水、調味料を入れて中火にかけ、煮立ったら水溶き片栗粉でとろみをつけ、3にかける。

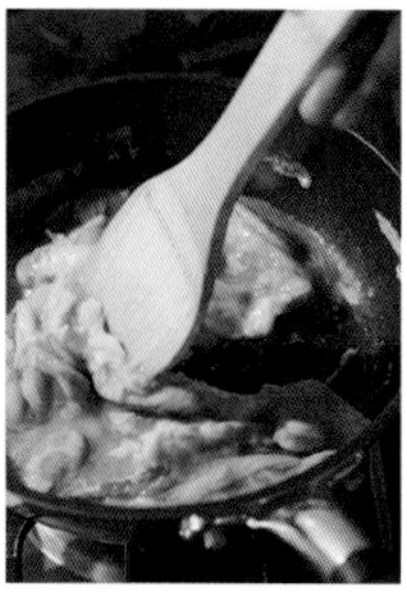

卵は大きく静かに寄せながら、火を通す。あまり混ぜすぎると、炒り卵になってしまうので注意。

和風オムレツ

具は甘めに味つけた、ひき肉と玉ねぎ、にんじん。どこか懐かしく、ときどき無性に食べたくなる味わいです。

材料…2人分

卵…4個
塩…適量
サラダ油、バター
…各小さじ2

オムレツの具

合いびき肉…100g
玉ねぎ…¼個(50g)
にんじん…⅓本(50g)
サラダ油…大さじ½
A 酒、しょうゆ
…各大さじ1
砂糖…大さじ½

作り方

1 〉オムレツの具を炒める

玉ねぎ、にんじんは5㎜角に切る。小さめのフライパンにサラダ油を熱し、にんじんを入れて中火でさっと炒め、玉ねぎを加えて炒める。しんなりしたらひき肉を加えて炒め、肉の色が変わったらAを加え、汁けがなくなるまで炒めて取り出す。

2 〉卵を焼き、具を包む

1人分ずつ作る。卵2個を溶きほぐし、塩少々を混ぜる。**1**のフライパンをきれいにし、サラダ油小さじ1を熱し、バター小さじ1を入れて溶かし、卵液を流し入れて大きく混ぜ、半熟状になったら**1**の半量をのせ、半分に折りたたんでそのままスライドさせ、器に盛る。もう1つも同様に作る。

卵焼きの手前のほうに具をのせ、卵焼きを具が見えるように折る。

大鉢茶碗蒸し

大きな器で蒸したら、
それだけでごちそう感があります。フライパンで
手軽に作る、蒸し器いらずの茶碗蒸し。

フライパンで蒸す場合は、器がカタカタいわないようにペーパータオルを敷いた上に器をのせる。

材料…2人分

卵液
- 卵…2個
- 水…カップ1
- 酒…小さじ1
- しょうゆ…小さじ½
- 塩…小さじ¼

鶏もも肉…50g
かまぼこ…小4枚(5mm厚さ)
生しいたけ…2枚(40g)
三つ葉…6～8本
A
- 酒…小さじ1
- しょうゆ…少々

作り方

1 〉下ごしらえをする
かまぼこは半分に切る。しいたけは石づきを落とし、4等分に切る。三つ葉は2～3cm長さに切る。鶏肉は余分な脂を取って1.5cm角に切り、Aをからめる。

2 〉卵液を作る
ボウルに卵を割り入れ、菜箸で卵白を切るようによく溶きほぐし、残りの材料を混ぜ、ざるでこす。

3 〉茶碗に注ぐ
大きめの器に**1**の三つ葉以外を入れ、**2**の卵液を静かに注ぎ、アルミホイルでふたをする。

4 〉フライパンで蒸す
フライパンに水を1cm高さほど入れ、中火にかけて沸騰させる。火を止め、四つ折りにしたペーパータオルを敷いて**3**を入れ、ふたをして再び中火にかけ、煮立ってから2分ほどしたら弱火にして15～18分蒸す。表面が少々膨らんできたら竹串を刺し、澄んだ汁が出たら、三つ葉をのせる。

具なし茶碗蒸しのトマト銀あん

具なしの茶碗蒸しは、まるで甘くないプリン。
トマトの酸味がきいたあんをたっぷりかけて。

材料…2～4人分

卵液
- 卵…2個
- 水…カップ1
- 酒…小さじ1
- しょうゆ…小さじ½
- 塩…小さじ¼

銀あん
- トマト…¼個
- 水…カップ½
- 酒…小さじ2
- みりん、しょうゆ…各小さじ1
- 塩…少々
- 水溶き片栗粉
  - 片栗粉…大さじ½
  - 水…大さじ1

作り方

1 〉卵液を作る

ボウルに卵を割り入れ、菜箸で卵白を切るようによく溶きほぐし、残りの材料を混ぜ、ざるでこす。蒸し茶碗に静かに注ぎ、アルミホイルでふたをする。

2 〉鍋で蒸す

鍋(直径18cm)に水を1cm高さほど入れ、中火にかけて沸騰させる。火を止め、四つ折りにしたペーパータオルを敷いて**1**をのせ、ふたをして再び中火にかけ、煮立ってから2分ほどしたら弱火にして10～12分(2個の場合。4個の場合は5～6分)蒸す。表面が少し膨らんできたら竹串を刺し、澄んだ汁が出たらでき上がり。

3 〉銀あんを作る

トマトは5mm角に切る。鍋に分量の水を入れて中火にかけ、煮立ったら酒、みりんを加える。再び煮立ったらしょうゆ、塩で調味し、水溶き片栗粉でとろみをつけ、トマトを加え、**2**にかける。

鶏むね肉と小松菜の卵炒め

卵と小松菜の鮮やかな色で食欲増進！
むね肉は粉をまぶすとパサつかず、つるりとした食感に。

鶏肉は炒める直前に片栗粉をまぶし、ほぐすように炒める。

材料…2人分

卵…2個
鶏むね肉…100g
小松菜…小1束(150g)
A　酒…小さじ1
　　塩…少々
B　塩…少々
　　砂糖…小さじ½
サラダ油…大さじ2
片栗粉…小さじ1
C　酒…大さじ1
　　塩…小さじ⅓

作り方

1 〉下ごしらえをする
小松菜は4cm長さに切り、茎と葉に分ける。鶏肉は小さめの薄いそぎ切りにし、Aをからめる。卵は溶きほぐし、Bを混ぜる。

2 〉卵を炒める
フライパンにサラダ油大さじ1を入れて強めの中火で熱し、卵液を流し入れ、大きく混ぜながら火を通し、半熟状になったら取り出す。

3 〉炒め合わせる
鶏肉に片栗粉をまぶす。**2**のフライパンをきれいにしてサラダ油大さじ1を熱し、鶏肉を入れ、ほぐすように強めの中火で炒め、小松菜の茎を加え、さっと炒める。肉の色が変わったら、小松菜の葉を加え、ふたをして蒸し煮にし、少しカサが減ったらCを加えて炒め合わせ、**2**の卵を戻し入れてそっと混ぜる。

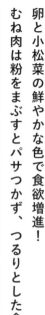

にら卵炒め

相性バツグンの2素材を使った炒めもの。
しょうゆ&削り節で、ご飯に合う味に昇格させます。

炒めたにらをフライパンの端に寄せ、空いたところに卵液を流し入れ、大きく混ぜる。

材料…2人分

卵…3個
にら…1束(100g)
塩…少々
合わせ調味料
　酒、しょうゆ
　　…各大さじ½
サラダ油…大さじ1½
削り節…1袋(3g)

作り方

1 〉下ごしらえをする
にらは5～6cm長さに切る。卵は溶きほぐし、塩を混ぜる。合わせ調味料は混ぜ合わせる。

2 〉にらを炒める
フライパンにサラダ油大さじ½を熱し、にらを入れて中火でさっと炒め、端に寄せる。

3 〉卵を炒め、合わせる
2のフライパンにサラダ油大さじ1を足し、卵液を流し入れて大きく混ぜる。半熟状になったら**2**のにらをざっと混ぜ、合わせ調味料を鍋肌から加え、削り節の半量をふって炒め合わせる。器に盛り、残りの削り節をふる。

第四章

野菜の小さな和のおかず

野菜の煮ものには、味出し素材を合わせる

肉や糸昆布、じゃこ、油揚げ、ちくわ……。野菜の煮ものを作るときには、味が出る素材を組み合わせましょう。だしいらずでおいしい煮ものができ上がります。

あえ衣をたくさん覚え、バリエーションを広げる

あえものは、野菜とあえ衣の組み合わせを変えれば、バリエーションは無限大です。各レシピに材料替えアイデアを明記したので、ご参考に！

あえものは、食べる直前にあえる

野菜はあえると水分が出てきて、味が薄まってしまいます。「あえるのは食べる直前に！」と覚えておきましょう。

里いものそぼろ煮

作り方〉p.72

大根とブロッコリーと油揚げの煮もの

作り方〉p.73

なすと糸昆布の煮もの

作り方〉p.73

里いものそぼろ煮

そぼろをまとった、
ねっとり里いもがおいしい！

材料…2人分

里いも…4～6個(400g)
鶏ひき肉…100g
酒…大さじ2
煮汁
- 水…カップ1½
- みりん、しょうゆ…各大さじ2
- 砂糖…大さじ⅔

水溶き片栗粉
- 片栗粉…大さじ½
- 水…大さじ1

作り方

1 〉下ごしらえをする
里いもは洗ってざるにあげ、乾いてから皮をむく。大きいものは半分に切る。

2 〉炒める
小さめのフライパンにひき肉、酒を入れて弱めの中火にかけ、菜箸3～4本で混ぜながらポロポロにし、ひき肉に火を通す。

3 〉煮る
煮汁の水、里いもを加え、煮立ったらアクを取り、みりん、しょうゆ、砂糖で調味し、落としぶたをして弱めの中火で15～20分煮る。

4 〉とろみをつける
里いもがやわらかくなり煮汁が半量になったら、水溶き片栗粉を様子を見ながら加え、薄いとろみをつける。

材料替えアイデア 〉かぶ、じゃがいも

ひき肉に酒を加え、菜箸3～4本で絶えず混ぜ、ポロポロにほぐしながら火を通す。

→

汁が透明になったら、肉に火が通った証拠。ここまで炒りつける。

→

肉に火が通ったら、水、里いもを加えて煮る。水分量は里いもが半分ほど顔を出すくらい。

煮汁が染みた
油揚げは
味出しの役目も！

大根とブロッコリーと油揚げの煮もの

材料…2人分

大根…1/4本(300g)
ブロッコリー…1/2個(150g)
油揚げ…1枚(40g)
煮汁
　水…カップ1
　酒、みりん、しょうゆ…各大さじ1 1/2
　砂糖…小さじ1
　塩…1つまみ

作り方

1 〉大根は1cm厚さのいちょう切りにする。ブロッコリーは小房に分け、茎は皮を厚めにむいて5mm厚さの輪切りにする。油揚げは熱湯に通して油抜きをし、縦半分に、横2cm幅に切る。

2 〉鍋に煮汁の水、大根、油揚げを入れて中火にかけ、煮立ったら調味料を加え、ふたをしてときどき混ぜながら弱めの中火で15分ほど煮る。大根がやわらかくなったらブロッコリーを加え、さらに5分ほど煮る。ブロッコリーがやわらかくなったら火を止め、そのまま味を含ませる。

材料替えアイデア〉かぶ、じゃがいも、カリフラワー

とろりと口の中で
とろけるなすは
夏のごちそう。

なすと糸昆布の煮もの

材料…2人分

なす…小4個(320g)
糸昆布…10g
煮汁
　水…カップ1 1/2
　酒、みりん…各大さじ1 1/2
　しょうゆ…大さじ1/2
　砂糖…大さじ1
　塩…小さじ1/2

作り方

1 〉なすはヘタを落とし、皮目に縦8本ほど切り込みを入れ、水に10分ほどさらしてアクを抜く。糸昆布は長いものは食べやすく切る。

2 〉鍋に煮汁の水を入れて中火にかけ、煮立ったら調味料、**1**を入れ、落としぶたをして、途中なすの上下を返しながら中火で15分ほど煮る。なすがくたっとしたら火を止め、そのまま味を含ませる。

材料替えアイデア〉大根、にんじん、ブロッコリー

ほうれん草のおひたし

水で割ったしょうゆで味つけする、手軽なおひたし。

材料…2人分

ほうれん草…1束(200g)
割りじょうゆ
水…大さじ2
しょうゆ…小さじ2
削り節…適量

作り方

1 〉ほうれん草は根元に十字に切り込みを入れ、たっぷりの水につけて5分ほどおき、茎の間にある泥を落とす。4～5cm長さに切り、茎と葉先に分ける。

2 〉鍋にたっぷりの湯を沸かしてほうれん草の茎を入れ、一瞬おいて葉先を加え、ひと混ぜする。再び沸騰したら、ざるに広げて粗熱をとる。

3 〉割りじょうゆの材料を混ぜ、**2**のほうれん草の水けを絞って加え、あえる。器に盛り、削り節をふる。

材料替えアイデア 〉小松菜、春菊、ブロッコリー

アスパラガスのおひたし

アスパラのホクホク感を味わうシンプルレシピ。

材料…2人分

グリーンアスパラガス
…1束(150g)
割りじょうゆ
水…大さじ2
しょうゆ…小さじ2
削り節…1/2袋(1.5g)

作り方

1 〉アスパラガスは根元5cmの皮をむき、長さを4等分に切る。

2 〉鍋に熱湯を沸かし、**1**のアスパラガスの根元を入れてひとゆでし、残りを加えて1分ほどゆで、ざるにあげて流水で冷まし、水けをきる。

3 〉割りじょうゆの材料を混ぜ、**2**、削り節を入れ、あえる。

材料替えアイデア 〉小松菜、ブロッコリー

キャベツとちくわの煮びたし

ちくわの食感とうまみが、キャベツのいいアクセント。

材料…2人分

キャベツ…3～4枚（300g）
ちくわ…2本（70g）
煮汁
- 水…カップ½
- 酒、しょうゆ…各大さじ1
- みりん…大さじ½

作り方

1 〉キャベツはひと口大に切り、芯は薄切りにする。ちくわは3mm厚さの輪切りにする。

2 〉鍋に煮汁の材料を入れて中火にかけ、煮立ったら**1**を入れ、落としぶたをして10分ほど、キャベツがやわらかくなるまで煮る。

材料替えアイデア 〉ブロッコリー、水菜

小松菜とじゃこの煮びたし

じゃこが入るだけで、小松菜がぐっと深い味わいに。

材料…2人分

小松菜…1束（200g）
ちりめんじゃこ
…大さじ2（10g）
煮汁
- 水…カップ½
- 酒、みりん…各大さじ1
- しょうゆ…大さじ½
- 塩…小さじ¼

作り方

1 〉小松菜は根元に十字に切り込みを入れ、たっぷりの水につけて5分ほどおき、茎の間にある泥を落とす。4～5cm長さに切り、茎と葉先に分ける。

2 〉鍋に煮汁の材料を入れて中火にかけ、煮立ったら小松菜の茎を入れ、落としぶたをして1分ほど煮る。小松菜の葉、ちりめんじゃこを加え、落としぶたをしてさらに2～3分煮る。

材料替えアイデア 〉白菜、キャベツ、にんじん

春菊のごまあえ

ごまあえ衣が春菊の苦みをうまみに変える！

材料…2人分

春菊…小1束(150g)

あえ衣

- 白すりごま…大さじ1
- しょうゆ…大さじ½
- 砂糖…小さじ1

作り方

1 〉春菊は4cm長さに切り、茎の太い部分は斜めに切る。

2 〉鍋に熱湯を沸かし、**1**の茎、葉先の順に入れて色よくゆで、ざるに広げて粗熱をとる。

3 〉ボウルにあえ衣の白すりごま以外を入れて混ぜ、水けを絞った**2**を加えてざっとあえ、白すりごまをふってさらにあえる。

材料替えアイデア 〉ほうれん草、さやいんげん

ごぼうとツナの練りごまあえ

サラダ感覚で楽しむ、ツナ入りボリュームあえ。

材料…2人分

ごぼう…1本(150g)

ツナ缶…小1缶(70g)

あえ衣

- 白練りごま…大さじ2
- しょうゆ…大さじ½
- 砂糖、酢…各小さじ1
- 塩…1つまみ

作り方

1 〉ごぼうはタワシで皮をきれいに洗ってささがきにし、水に5分ほどさらし、ざるにあげる。

2 〉鍋に熱湯を沸かして酢、塩各少々(分量外)を入れ、ごぼうを入れて3〜4分ゆでる。ざるにあげて粗熱をとり、水けをよくきる。

3 〉ボウルに練りごまを入れ、しょうゆを少しずつ加えてのばし、残りの調味料を加えて混ぜる。**2**のごぼう、汁けをきったツナを加え、あえる。

材料替えアイデア 〉にんじん、小松菜

絹さやとこんにゃくの白あえ

食感のいい素材2つを具材にした、白あえ簡単版。

材料…2人分

絹さや…60g
こんにゃく…小1/2枚(80g)
白あえ衣
- 木綿豆腐…1/2丁(150g)
- 白練りごま、砂糖…各小さじ2
- 塩…小さじ1/3
- しょうゆ…少々

作り方

1 〉豆腐は厚みを半分に切り、ペーパータオルに包んで10分ほど水きりする。

2 〉絹さやは筋を取り、斜め半分に切る。こんにゃくは1cm幅、3〜4cm長さの薄い短冊切りにする。

3 〉鍋に熱湯カップ2を沸かして塩小さじ1(分量外)を入れ、絹さやをさっとゆで、ざるにあげて粗熱をとる。同じ湯にこんにゃくを入れ、再度沸騰したらざるにあげ、粗熱をとる。

4 〉ボウルに練りごまを入れ、豆腐を少しずつゴムベラでくずしながら混ぜ、残りの調味料を加え、**3**を水けをよくきってあえる。

材料替えアイデア 〉アスパラガス、さやいんげん、ブロッコリー

にんじんとしめじのマヨ白あえ

マヨネーズの酸味がきいた、新感覚の白あえ。

材料…2人分

にんじん…1/2本(75g)
しめじ
…小1パック(100g)
塩…少々

白あえ衣
- 木綿豆腐…1/2丁(150g)
- マヨネーズ…大さじ2
- 砂糖…小さじ1
- 塩…小さじ1/4

作り方

1 〉上記の作り方**1**と同様に豆腐の水きりをする。

2 〉にんじんは3〜4cm長さの短冊切りにし、塩小さじ1(分量外)を入れた熱湯カップ2で3分ほどゆで、ざるにあげて粗熱をとる。しめじは石づきを落として細かくほぐし、耐熱容器に入れ、ラップをふんわりかけて電子レンジで1分加熱し、粗熱をとって塩をふる。

3 〉ボウルにマヨネーズ、**1**を入れ、ゴムベラでくずしながら混ぜ、残りの調味料を加え、**2**を水けをよくきってあえる。

材料替えアイデア 〉絹さや、さやいんげん

きゅうりとわかめの酢のもの

口の中をさっぱりさせる、あるとうれしい1品。

材料…2人分

きゅうり…1本(100g)
わかめ(塩蔵)…10g(もどして30g)
しょうが(せん切り)…½かけ
塩…少々
合わせ酢
　酢…大さじ1
　砂糖、しょうゆ…各小さじ1
　塩…少々

作り方

1 〉きゅうりは小口切りにし、塩をふって5分ほどおき、しんなりしたら水けを絞る。わかめは塩を洗い流して水けを絞り、熱湯に一瞬つけ、冷水にとって冷ます。水けを絞り、上のつながっている部分を切り離し、ひと口大に切る。

2 〉合わせ酢の材料を混ぜ合わせる。

3 〉**2**に**1**、しょうがを加え、あえる。

材料替えアイデア 〉大根、にんじん

セロリのごま酢あえ

ごまをプラスすると、酸味が苦手な人でも食べやすい。

材料…2人分

セロリ…1本(150g)
ごま酢
　白すりごま、酢…各大さじ1
　砂糖…大さじ½
　しょうゆ…小さじ1
　塩…少々

作り方

1 〉セロリは筋を取り、縦半分に切って斜め薄切りにする。

2 〉ボウルにごま酢の材料を入れて混ぜ、**1**を加えてあえる。

材料替えアイデア 〉きゅうり、ズッキーニ

かにかまとえのきと三つ葉のみぞれあえ

消化を助ける大根おろしであえる、さっぱり副菜。

材料…2人分

えのきたけ…小½袋(50g)
三つ葉…⅓束(20g)
かに風味かまぼこ…2本(30g)
大根…¼本(300g)
合わせ酢
酢…大さじ1
しょうゆ、砂糖…各小さじ½
塩…小さじ¼

作り方

1 〉えのきたけは根元を落とし、2～3cm長さに切り、ほぐす。耐熱容器に入れ、ラップをふんわりかけて電子レンジで約30秒加熱し、粗熱をとる。三つ葉は2cm長さに切り、熱湯に一瞬通してざるにあげ、流水で冷まして水けを絞る。かに風味かまぼこはほぐす。

2 〉大根はすりおろし、ざるに入れて水けをよくきる。

3 〉ボウルに合わせ酢の材料を入れて混ぜ、**1**、**2**を加え、あえる。

材料替えアイデア 〉しめじ、エリンギ、水菜

大根の梅肉あえ

梅の酸味がキュッときいた、見た目も美しい副菜。

材料…2人分

大根…⅙本(200g)
梅肉衣
梅干し(塩分15%)…正味10g
酒…小さじ1
砂糖…大さじ½
しょうゆ…小さじ½
水…小さじ1

作り方

1 〉大根は1cm幅、5cm長さの拍子木切りにする。

2 〉梅干しは種を取り除き、包丁で細かくたたく。ボウルに入れ、梅肉衣の残りの材料を加えて混ぜ、**1**を加えてあえる。

材料替えアイデア 〉かぶ、きゅうり

にんじんの明太子あえ

明太子の辛みとうまみが、にんじんを格上げ！

材料…2人分

にんじん…1本(150g)
からし明太子…½腹(正味50g)
酒または水*…大さじ½
＊お子さんがいるとき、運転する人がいるときは水を使用

作り方

1 〉にんじんはスライサーでせん切りにする。明太子は薄皮を取り除く。

2 〉ボウルに明太子を入れ、酒または水をふってのばし、にんじんを加え、ほぐしながらあえる。

材料替えアイデア 〉セロリ、かぶ

かぶの塩昆布あえ

味つけは塩昆布のみ！忙しいときにも重宝。

材料…2人分

かぶ…2個(200g)
塩昆布…10g

作り方

1 〉かぶは茎を1cm残して切り落とし、皮つきのまま縦半分に切って縦薄切りにする。

2 〉ボウルに**1**、塩昆布を入れ、あえる。

材料替えアイデア 〉セロリ、きゅうり

長いもの からしマヨあえ

辛みのきいたマヨネーズで、長いもをあえるだけ。

材料…2人分

長いも…5cm長さ(200g)

からしマヨネーズ

- マヨネーズ…大さじ2
- 練りからし…小さじ1〜1½
- レモン汁…小さじ1
- 塩…少々

作り方

1 〉長いもはポリ袋に入れ、めん棒で大きめにたたいて砕く。

2 〉ボウルに練りからしを入れ、マヨネーズ、レモン汁で溶きのばし、塩を加えて混ぜ、**1**を加えてあえる。

材料替えアイデア 〉かぶ、きゅうり

アボカドの わさびじょうゆあえ

トマトやまぐろを加え、ボリュームアップしても。

材料…2人分

アボカド…1個(200g)

わさびじょうゆ

- 練りわさび…小さじ½
- しょうゆ…大さじ½

作り方

1 〉アボカドは種と皮を取り除き、2cm角に切る。

2 〉ボウルに練りわさびを入れてしょうゆで溶き、**1**を加えてあえる。

材料替えアイデア 〉トマト、きゅうり

ピーマンとじゃこのきんぴら

おなじみの甘辛味にじゃこが食感のアクセント。

材料…2人分

ピーマン…4個(160g)
ちりめんじゃこ…10g
サラダ油…大さじ½

合わせ調味料

酒、みりん、しょうゆ…各大さじ½
砂糖…小さじ½

作り方

1 〉ピーマンは縦半分に切って種とヘタを取り、縦7～8mm幅に切る。

2 〉フライパンにサラダ油を熱し、**1**のピーマンを入れて3分ほど炒める。しんなりしたら合わせ調味料、じゃこを順に加え、汁けがなくなるまで炒め煮にする。

材料替えアイデア〉にんじん、パプリカ

れんこんのきんぴら

シャキシャキ感と辛さがクセになる！

材料…2人分

れんこん…細1節(200g)
赤唐辛子(種を取る)…½本
サラダ油…大さじ1

合わせ調味料

酒、みりん、しょうゆ…各大さじ1
砂糖…小さじ1

作り方

1 〉れんこんは3mm厚さの輪切り、太いものは半月切りにする。水にさっと通し、水けをよくきる。合わせ調味料は混ぜ合わせる。

2 〉フライパンにサラダ油を熱し、赤唐辛子、**1**のれんこんを入れ、中火で3分ほど炒める。れんこんが透き通ってきたら合わせ調味料を加え、汁けがなくなるまで炒め煮にする。

材料替えアイデア〉ごぼう、にんじん

パプリカのごま塩きんぴら

作っておけば、つまみにも、お弁当にも。

材料…2人分

赤パプリカ…1個(200g)
サラダ油…大さじ½
A　酒…大さじ1
　　塩…小さじ¼
　　白いりごま…大さじ1

作り方

1 〉パプリカは縦半分に切って種とヘタを取り、縦5mm幅に切る。

2 〉フライパンにサラダ油を熱し、**1**のパプリカを入れて中火で2〜3分炒める。しんなりしてきたらAを順にふり、汁けがなくなるまで炒め煮にする。

材料替えアイデア〉れんこん、セロリ

なすのみそきんぴら

ピリッと辛みのきいたみそ味が、なすと相性バツグン。

材料…2人分

なす…3個(300g)
赤唐辛子(種を取る)…½本
ごま油…大さじ1
合わせ調味料
　酒、みりん、みそ…各大さじ1
　砂糖、しょうゆ…各小さじ1

作り方

1 〉なすは縦半分に切り、1.5cm幅の斜め切りにする。合わせ調味料は混ぜ合わせる。

2 〉フライパンにごま油、赤唐辛子、**1**のなすを入れ、中火で5〜6分炒める。なすが完全にやわらかくなったら合わせ調味料を回し入れ、汁けがなくなるまで炒め煮にする。

材料替えアイデア〉ピーマン、ごぼう

第五章

和のご飯もの、汁もの

素材を生のまま炊き込む、ご飯が便利！

炊き込みご飯の具材は、下煮せず、生のまま加えるのが今どきの作り方です。ただし、肉には酒やしょうゆをからめておくといいでしょう。生臭みが消えます。

汁ものには、味出し素材を加える

肉を使う汁は、肉を炒めて十分にうまみを引き出してから煮ます。糸昆布やトマト、わかめなどは、具材でありながら味出しにもなるので、汁ものに最適の具材です。

ごま油、酒も汁ものの味出しになる

なすや豆腐などもごま油で炒めると、それだけでコクと香りが出ます。だしいらずのお吸いものには、風味とうまみをプラスする酒を加えるのがポイントです。

親子丼

作り方〉p.86

親子丼

とろとろ卵とふっくら鶏肉が決め手のご飯もの。
好みの加減に卵に火を通せたら、大成功！

材料…2人分

ご飯…300 ～ 400g
鶏もも肉…小1枚(200g)
玉ねぎ…½個(100g)
三つ葉…¼束(15g)
卵…2個
煮汁
- 水…カップ½
- 酒、みりん…各大さじ2
- しょうゆ…大さじ1
- 砂糖…小さじ1
- 塩…小さじ⅓

作り方

1 〉下ごしらえをする
玉ねぎは横1cm幅に切る。三つ葉は2～3cm長さに切る。鶏肉は余分な脂を取り除き、2cm大に切る。ボウルに卵を溶きほぐす。

2 〉煮る
フライパンに煮汁の材料を入れて中火にかけ、煮立ったら玉ねぎを入れ、ふたをして2～3分煮る。玉ねぎがしんなりしたら鶏肉を加え、さらに2～3分煮る。

3 〉卵でとじ、ご飯にのせる
鶏肉に火が通ったら弱めの中火にし、卵液を中央から外側に円を描くように回し入れ、菜箸で卵液を均一にする。三つ葉を散らし、ふたをして火を止め、好みの加減に火を通す。器にご飯を盛り、その上にのせる。

卵液は均一に火が通るよう、火の通りにくい中央から火が通りやすい外側に向けて円を描くように回し入れる。

→

ところどころに菜箸を入れてそっと混ぜ、卵液が均一になるようにする。

三色丼

彩りきれいな冷めてもおいしい丼です。
鶏そぼろは先に調味しておくと、味がよく入ります。

材料…2人分

ご飯…300～400g

鶏そぼろ

- 鶏ひき肉…100g
- 酒、しょうゆ、砂糖…各大さじ1

炒り卵

- 卵…2個
- 砂糖…大さじ½
- 塩…少々

さやいんげん…4～5本(50g)

作り方

1 〉鶏そぼろを作る

小さめのフライパンにひき肉、酒、しょうゆ、砂糖を入れ、よく混ぜる。中火にかけ、菜箸3～4本で混ぜ、そぼろ状になり、出てきた水分がなくなるまで炒りつける。

2 〉炒り卵を作る

小さめのフライパンに卵を溶きほぐし、砂糖、塩を加えてよく混ぜる。弱火にかけ、菜箸3～4本で混ぜながら、細かい炒り卵を作る。

3 〉いんげんをゆでる

いんげんはヘタを取り、斜め薄切りにする。塩少々(分量外)を入れた熱湯で2～3分ゆで、ざるにあげて流水で冷まし、水けをきる。

4 〉仕上げる

丼にご飯を盛り、**1**、**2**、**3**を彩りよくのせる。

ひき肉は火にかける前に調味料をよく混ぜておくと、肉に味が入り、ポロポロに仕上がる。

五目炊き込みご飯

おかずいらずの具だくさんご飯です。
具材は下煮いらずの方法で、簡単に炊き上げます。

鶏肉は下味をよくからめておくと、肉自体に味がつき、おいしくなる。

材料…4人分

米…2合(360mℓ)
鶏もも肉…小$\frac{1}{2}$枚(100g)
ごぼう…$\frac{1}{4}$本(50g)
にんじん…$\frac{1}{3}$本(50g)
生しいたけ…4枚(80g)
絹さや…20枚(20g)
水…360mℓ
A　酒、しょうゆ…各小さじ1
B　酒…大さじ2
　　しょうゆ…大さじ$\frac{1}{2}$
　　塩…小さじ$\frac{2}{3}$

作り方

1 〉米を洗う
米は炊く30分ほど前に洗い、ざるにあげて水けをきる。炊飯器の内釜に入れ、分量の水を加えて30分ほど浸水させる。

2 〉下ごしらえをする
ごぼうはタワシで皮をきれいに洗ってささがきにし、水に5分さらしてざるにあげ、水けをきる。にんじんは3cm長さのせん切りにする。しいたけは石づきを落とし、半分に切って薄切りにする。絹さやは筋を取り、斜め細切りにする。鶏肉は余分な脂を取り除いて1.5cm角に切り、Aをからめる。

3 〉炊く
1にBを加えて混ぜ、2の鶏肉、ごぼう、しいたけ、にんじんの順にのせ(混ぜない)、普通に炊く。

4 〉仕上げる
ご飯が炊けたら絹さやをのせ、ふたをして蒸らし、全体を混ぜる。

さけの炊き込みご飯

甘塩ざけを炊き込んだだけの、簡単炊き込みご飯。
小ねぎは最後に加え、色鮮やかに仕上げます。

さけはそのままご飯にのせて炊けばＯＫ。

材料…4人分

米…2合(360mℓ)
甘塩ざけ…大1切れ(100g)
小ねぎ…3～4本(30g)
水…390mℓ
A　酒…大さじ2
　　しょうゆ…大さじ½

作り方

1 〉米を洗う
米は炊く30分ほど前に洗い、ざるにあげて水けをきる。炊飯器の内釜に入れ、分量の水を加えて30分ほど浸水させる。

2 〉下ごしらえをする
さけはペーパータオルで水けをふく。小ねぎは小口切りにする。

3 〉炊く
Aを加えて混ぜ、**2**のさけをのせて普通に炊く。

4 〉仕上げる
ご飯が炊き上がったら、さけの皮と骨を取り除き、味が足りなければ塩少々(分量外)で調味し、**2**の小ねぎを加え、全体をさっくりと混ぜる。

豚肉とごぼうとねぎのみそ汁

味の出る素材3つに絞った、豚汁です。ごぼうの土の香りもいいうまみ出しになります。

材料…2人分

豚こま切れ肉…60g
ごぼう…60g
長ねぎ…⅓本(30g)
ごま油…大さじ½
水…カップ2
みそ…大さじ1½
七味唐辛子…適量

作り方

1 〉切る
ごぼうはタワシで皮をきれいに洗ってささがきにし、水に5分ほどつけてざるにあげ、水けをきる。長ねぎは5㎜厚さの小口切り、豚肉は1～2㎝幅に切る。

2 〉炒める
鍋にごま油を熱し、豚肉を入れて中火で炒める。肉の色が変わったらごぼうを加え、1分ほど炒める。

3 〉煮る
全体に油がまわったら分量の水を加え、煮立ったらアクを取り、ふたをして弱火で5分ほど煮る。ごぼうがやわらかくなったら長ねぎを加えてひと煮し、みそを溶き入れる。器に盛り、七味唐辛子をふる。

豚肉を炒めて味を出し、ごぼうを加えてさらによく炒める。

豚ひき肉と じゃがいものみそ汁

じゃがいもとひき肉の食感の違いが楽しい！

材料…2人分

豚ひき肉…50g
じゃがいも…1個（150g）
小ねぎ…1～2本（10g）
サラダ油…大さじ½
水…カップ2
みそ…大さじ1½

作り方

1 〉じゃがいもは1cm厚さのいちょう切り、小ねぎは1cm幅に切る。

2 〉鍋にサラダ油を熱し、ひき肉を入れてほぐしながら中火で炒める。肉の色が変わったらじゃがいもを加えて炒める。

3 〉全体に油がまわったら分量の水を加え、煮立ったらアクを取り、ふたをして弱火で5～6分煮る。じゃがいもがやわらかくなったら、みそを溶き入れ、小ねぎを加える。

くずし豆腐と ねぎのみそ汁

ごま油で豆腐を炒めるのが、だしいらずの秘訣。

材料…2人分

木綿豆腐…½丁（150g）
長ねぎ…½本（50g）
ごま油…大さじ1
水…カップ2
みそ…大さじ1½

作り方

1 〉豆腐は厚みを半分に切り、ペーパータオルで包んで10分ほど水きりする。長ねぎは斜め薄切りにする。

2 〉鍋にごま油を熱し、1の豆腐を入れ、くずしながら中火で炒める。

3 〉豆腐に油がまわり、焼き色がついて大きめのポロポロになったら、分量の水を加える。煮立ったら長ねぎを加え、ひと煮してみそを溶き入れる。

大根と糸昆布のみそ汁

だしにも具にもなる、
糸昆布が大活躍。

材料…2人分

大根…150g
糸昆布…3g
水…カップ2
みそ…大さじ2

作り方

1 〉大根は輪切りにし、細切りにする。糸昆布は食べやすい長さに切る。

2 〉鍋に分量の水、**1**を入れ、ふたをして中火にかけ、煮立ったら弱火にして10分ほど煮る。大根がやわらかくなったら、みそを溶き入れる。

炒めなすのみそ汁

ごま油でよく炒めた、
とろとろのなすが美味。

材料…2人分

なす…1個(100g)
みょうが…1個(20g)
ごま油…大さじ1
水…カップ2
みそ…大さじ2

作り方

1 〉なすは縦半分に切り、横5㎜幅に切る。みょうがは小口切りにする。

2 〉鍋にごま油を熱し、なすを入れて中火で2～3分炒める。しんなりしてきたら分量の水を加え、煮立ったらふたをして弱火で3～4分煮る。なすがやわらかくなったらみそを溶き入れる。

3 〉お椀に注ぎ、みょうがを散らす。

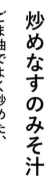

えのきと油揚げと三つ葉の沢煮椀風

せん切りにした具材を煮て作る、沢煮椀。肉の代わりに油揚げを使い、酒でうまみをつけます。

材料…2人分

油揚げ…½枚(20g)
えのきたけ…小½袋(50g)
三つ葉…½束(30g)
水…カップ2
A　酒…大さじ1
　　しょうゆ…小さじ1
　　塩…小さじ½
粗びき黒こしょう…少々

作り方

1 〉下ごしらえをする
えのきたけは根元を落とし、長さを半分に切る。三つ葉は4cm長さに切る。油揚げはペーパータオルで表面の油をふき、縦半分に切って細切りにする。

2 〉煮る
鍋に分量の水を入れて中火にかけ、煮立ったらえのきたけ、油揚げを入れてひと煮し、Aで調味し、三つ葉を加えてひと混ぜする。

3 〉仕上げる
お椀に注ぎ、粗びき黒こしょうをふる。

お吸いものには、酒を加え、風味とうまみをつける。

はんぺんだんごのすまし汁

プリプリ食感が楽しいだんごが
だしの役目も。

材料…2人分

はんぺんだんご

- はんぺん…½枚(50g)
- 鶏ひき肉…50g
- A
  - 長ねぎ(みじん切り)…大さじ1
  - 酒…小さじ1
  - おろししょうが…少々

椀づゆ

- 水…カップ2
- 酒…大さじ1
- しょうゆ…小さじ1
- 塩…小さじ½

小ねぎ(小口切り)…適量

作り方

1〉ボウルにはんぺんを入れてつぶし、鶏ひき肉を入れ、よく練り混ぜる。Aを加え、さらに練り混ぜ、6等分にしてだんご状に丸める。

2〉鍋に椀づゆの分量の水、酒を入れて中火にかけ、煮立ったら**1**を入れ、再び煮立ったらアクを取り、3分ほど煮る。だんごに火が通ったらしょうゆ、塩で調味し、お椀に盛り、小ねぎを散らす。

オクラのわかめ汁

粘りの出る素材を使った、
和風ヘルシースープ。

材料…2人分

オクラ…8本(60g)

わかめ(塩蔵)
…10g(もどして30g)

水…カップ2

- A
  - 酒…大さじ1
  - 塩…小さじ¼
  - しょうゆ…小さじ2

作り方

1〉オクラはガクのまわりをそぎ取り、塩少々(分量外)でこすり、さっと洗って水けをふき、小口切りにする。わかめは塩を洗い流し、水けを絞って1cm長さに切る。

2〉鍋に分量の水を入れて中火にかけ、煮立ったらAで調味し、煮立っているところに**1**を入れ、ひと煮する。

きのこ汁

うまみと風味のコツは、3種類のきのこを使うこと。

材料…2人分

生しいたけ…2枚(40g)
しめじ…小½パック(50g)
なめこ…½パック(50g)
水…カップ2
A｜酒…大さじ1
　｜しょうゆ…小さじ1
　｜塩…小さじ½

作り方

1〉しいたけは石づきを落とし、縦半分に切って薄切りにする。しめじは石づきを落とし、小房に分けて1cm長さに切る。なめこはざるに入れてふり洗いし、ぬめりをざっと取る。

2〉鍋に分量の水を入れて中火にかけ、煮立ったらAを加え、**1**を加えてひと煮する。

ミニトマトのかき玉汁

トマトの酸味がアクセントのやさしい味のスープ。

材料…2人分

ミニトマト…8個(80g)
卵…1個
水…カップ2
A｜酒…大さじ1
　｜しょうゆ、塩…各小さじ½
水溶き片栗粉
｜片栗粉…小さじ2
｜水…小さじ4

作り方

1〉ミニトマトはヘタを取り、熱湯に一瞬入れてすぐに冷水にとり、粗熱がとれたら皮をむく。ボウルに卵を溶きほぐす。

2〉鍋に分量の水を入れて中火にかけ、煮立ったらAで調味し、水溶き片栗粉でとろみをつける。ミニトマトを加え、再び煮立ったら弱火にして静かに煮立っているところに**1**の溶き卵を流し入れ、ひと混ぜする。

石原洋子　いしはら・ひろこ

料理研究家。幼い頃から母親と共に台所に立ち、「昼食は自分たちの手で」という食教育の自由学園に学ぶ。卒業後は家庭料理、フランス料理、中国料理など、各分野の第一人者に学び、アシスタントを務めたのちに独立。自宅で開く料理教室は45年以上になり、明るく飾らない人柄と確かな根拠に基づく指導に定評がある。著書は『石原洋子の副菜』(家の光協会)、『増補保存版　くり返し作りたい　一生ものレシピ』(Gakken)、『きちんと、おいしい！　乾物レシピ』(東京書籍)など多数。

デザイン	茂木隆行
撮影	佐々木美果
スタイリング	吉岡彰子
調理アシスタント	荻田尚子　清水美紀　泉名彩乃
校正	麦秋アートセンター
編集	飯村いずみ

石原洋子の
作りやすい和食
だしを使わなくてもおいしい　毎日食べたくなる味

2023年10月6日　第1刷発行

著者　石原洋子
発行人　松井謙介
編集人　長崎有
企画編集　広田美奈子
発行所　株式会社　ワン・パブリッシング
〒110-0005　東京都台東区上野3-24-6
印刷所　大日本印刷株式会社
製本所　古宮製本株式会社

●この本に関する各種お問い合わせ先
内容等のお問い合わせは、
左記サイトのお問い合わせフォームよりお願いします。
https://one-publishing.co.jp/contact/
不良品(落丁、乱丁)については　Tel0570-092555
業務センター　〒354-0045　埼玉県入間郡三芳町上富279-1
在庫・注文については書店専用受注センター　Tel0570-000346

ワン・パブリッシングの書籍・雑誌についての新刊情報・詳細情報は、
左記をご覧ください。
https://one-publishing.co.jp/